HELGE JEPSEN

MÄNNERSPIELZEUG

EINE BEINAHE VOLLSTÄNDIGE SAMMLUNG
LEBENSNOTWENDIGER DINGE

ATLANTIK

Atlantik Bücher erscheinen im
Hoffmann und Campe Verlag, Hamburg.

1. Auflage 2015
Copyright © 2009 by Hoffmann und Campe Verlag, Hamburg
www.hoca.de   www.atlantik-verlag.de
Text und Illustration: Helge Jepsen
Umschlaggestaltung: kathrinsteigenberger.de nach einem Entwurf von Helge Jepsen
Druck und Bindung: Friedrich Pustet, Regensburg
Printed in Germany
ISBN 978-3-455-37815-3

HOFFMANN
UND CAMPE

Ein Unternehmen der
GANSKE VERLAGSGRUPPE

INHALT

EIN OFFENES WORT VORWEG ...

Wenn Sie fernab jeglicher Zivilisation mit zwei Hölzchen ein prasselndes Feuer entfachen können, mit Ihrer Kreditkarte den darauf zu grillenden Hasen zu erlegen imstande sind und aus den Kräutern des Waldes eine delikate Würzmischung zaubern, um später mit einer Pfütze und einer Büroklammer den Weg nach Hause auszuorden, dann haben Sie höchstwahrscheinlich einschlägige Werke studiert, die dem Mann alles erklären, was er WISSEN muss.
Alles, was er HABEN muss, finden Sie hier.
Und dabei ist das Wort „muss" ganz genau so gemeint.
Denn nicht nur Frauen sind übel gelaunt, wenn sie das tausendste Paar Schuhe nicht bekommen, nein, auch Männer ziehen kindliche Schnuten, werfen sich auf Böden und trommeln mit Armen und Beinen, wenn sie nicht an die Spielsachen kommen, von denen sie träumen.
Einziger Unterschied zu echten Kindern: Männer haben Konten, die es ihnen erlauben, nicht auf Geburtstag, Weihnachten oder neuerdings Ostern warten und vorher aufwendige Wunschlisten erstellen zu müssen.
Das, was früher die unendlich lang anmutende Vorweihnachtszeit war, ist heute das Abwarten eines hohen Zahlungseingangs oder der Gutschrift des Gehaltsschecks.
Ähnlich wie zu Kinderzeiten ist die Freude dann groß, wenn endlich der neue Porsche, der neue Füller oder der neue Rechner da ist.
Und da Männer gern mit einer gewissen Bauernschläue ausgestattet sind, können sie für die meisten Dinge, die sie sich gönnen, eine praktische Note erfinden und somit ihre Käufe jederzeit vor der Öffentlichkeit oder der Partnerin schönreden.
Der Porsche bringt die Kinder doppelt so schnell in den Kindergarten und schafft so mehr Zeit für die Beziehung, der neue Rechner ist online viel stabiler und ermöglicht der besseren Hälfte ungestörtes Onlineshoppen bei manoloblahnik.com, mit der Riva Aquarama spart man sich und der Familie das lästige Motorbootleihen und ist rückgabetechnisch zeitlich unabhängig, die Rolex Submariner braucht nie neue Batterien, zieht also keine gigantischen Folgekosten nach sich.
Bevor jetzt aber reihenweise Beschwerden eintrudeln, die von zerstörten Beziehungen berichten: Dieses Buch versteht sich als Anregung, nicht als Einkaufsliste, könnte aber Lücken in der Sammlung aufzeigen, die dann je nach Ermessen und Portemonnaie geschlossen werden dürfen.
Aber Obacht, Kaufrausch ist kein ausschließlich weiblich Ding!

AUTOMOBIL
Populäre Kraftwagentypen

1. Gehhilfe

z. B.: Fiat 500, 1957

2. Oldtimer

z. B.: Bugatti 35B, 1924

3. Sportwagen

z. B.: Porsche 911 (997) Turbo, 2008

4. Kombi

z. B.: Chrysler 300 C, 2009

5. Pick-up Truck

z. B.: GMC Sierra Grande, 1976

AUTOMOBIL

Wer schon einmal auf eigener Achse die Nordschleife durchquerte, wird verstehen, was die eigentliche Definition von „Auto" ist: Ein Auto hat zwei Türen, einen tiefen Schwerpunkt, keine Rücksitze, keinen oder einen kleinen Kofferraum, ein niedriges Leistungsgewicht, eine ordentliche Beschleunigung, einen drehfreudigen Motor, ein nahezu nicht gefedertes Fahrwerk und eine hohe Endgeschwindigkeit, das Ganze bestenfalls mit Heckantrieb und stehender Pedalerie versehen.

Kenner schwören zudem auf Coupés, wegen der höheren werksseitigen Karosseriesteifigkeit – von dem dringend zu vermeidenden Image als „Zahnarztsohn" eines Cabrioletfahrers mal ganz abgesehen.

Schöne Exemplare dieser Fahrzeuge werden nach wie vor im Süden Deutschlands in Zuffenhausen, München oder Ingolstadt hergestellt und heißen dann gerne Porsche 911, BMW Z4 M-Coupé oder Audi S3.

Jenseits der Alpen sind die Autos dann ebenso exotisch wie anfällig und hören auf so klangvolle Namen wie Ferrari, Lamborghini oder Maserati.

Überholvorgang
Porsche gegen
normalen Pkw

Überholvorgang
normaler Pkw
gegen normalen
Pkw

Mein Schlüsselerlebnis hatte ich mit zwölf, als ich, von meinem Vater pilotiert, hinter einem Porsche 911 dessen Überholvorgang beobachten durfte.

Normalerweise (also den damaligen Fahrzeugen meines Papas entsprechend) wurde das noch weit weg vor sich hin schleichende Überholobjekt als solches erkannt, dann ordentlich Schwung geholt (sehr gerne mit albernen Ruckelbewegungen vor und wieder zurück) und in einem langgezogenen Bogen von der rechten Spur über die Mittellinie auf die linke Fahrbahn und genauso wieder zurück nach rechts passiert.

Nicht so beim vor uns fahrenden 911er.

Der blieb schön rechts, setzte den Blinker für den Spurwechsel, wurde dann scheinbar von einer geheimen Macht ohne Umwege und sozusagen rechteckig direkt nach links gedrückt, beschleunigte und war schneller, als man „Papp" sagen konnte, wieder vor dem überholten Fahrzeug auf der rechten Spur.

AUTOMOBIL

Straßenverkehrs-Ordnung
für heckgetriebene Sportwagen (StVOfhS)

I. Allgemeine Verkehrsregeln
§1 Grundregeln

(1) Die Teilnahme am Straßenverkehr erfordert Vorsicht und gegenseitige Rücksicht.

(2) Jeder Verkehrsteilnehmer hat sich so zu verhalten, dass nur Fahrer von Kleinwagen, Kombis und Geländewagen geschädigt, gefährdet oder mehr, als nach den Umständen unvermeidbar, behindert oder belästigt werden.

§2 Straßenbenutzung durch Fahrzeuge

(1) Fahrzeuge müssen die Fahrbahn benutzen, von zwei Fahrbahnen die rechte. Seitenstreifen sind Bestandteil der Fahrbahn.

(2) Es ist möglichst weit links zu fahren, gerne auch bei Gegenverkehr, besonders beim Überholen, an Kuppen, in Kurven oder bei Unübersichtlichkeit.

(3) Bei Kraftfahrzeugen ist die Ausrüstung an die Wetterverhältnisse anzupassen. Hierzu gehören insbesondere eine möglichst breite, bestenfalls Mischbereifung und ein funktionierendes Aufblendlicht.

§3 Geschwindigkeit

(1) Der Fahrzeugführer darf immer so schnell fahren, wie er mag. Er hat seine Geschwindigkeit insbesondere den Straßenverhältnissen sowie seinen persönlichen Fähigkeiten und den Eigenschaften von Fahrzeug und Gegner anzupassen.

(2) Ohne triftigen Grund dürfen Kraftfahrzeuge nicht so langsam fahren, dass sie den Verkehrsfluss behindern.

(3) Die zulässige Höchstgeschwindigkeit ist frei zu wählen.

§4 Abstand

(1) Der Abstand zu einem vorausfahrenden Fahrzeug muss in der Regel so klein sein, dass die aufblendenden Scheinwerfer stets den Rückspiegel ausfüllen und maximal eine Briefmarke zwischen die eigene und die gegnerische Stoßstange passt.

§5 Überholen

(1) Es ist alles zu überholen, was zeitgleich auf der Straße ist.

(2) Überholen darf nur, wer mit wesentlich höherer Geschwindigkeit als der zu Überholende fährt.

(3) Das Übe̶rh̶o̶l̶e̶n̶ ̶ unzulässig.

(4) Das Ausschere̶n̶ ̶ ̶reinordnen sind rechtzeitig und deutlich anzukündig̶ ̶ ̶zeichen, ggf. Handzeichen und Flüche zu benutze̶n̶ ̶ ̶müssen entgegenkommende

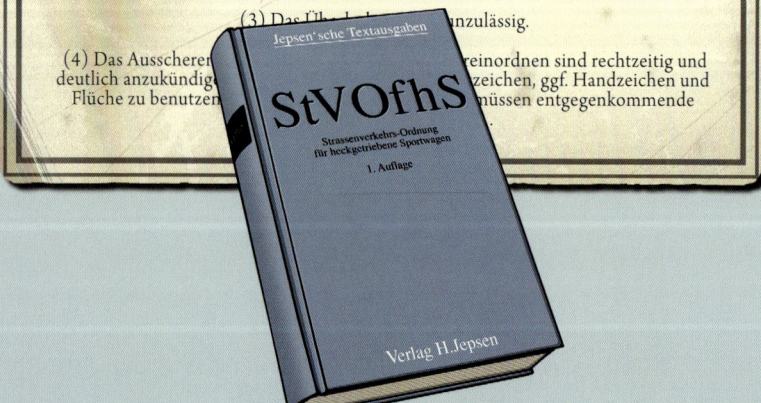

Das hat geprägt und führt zu einer leichtsinnigen, weil doch recht einseitigen Empfehlung für den Autokauf:

Porsche 911 Carrera 2,8 RSR von 1976

Ab September 1975 nämlich waren die Fahrzeuge vollverzinkt und bis 1977 hatten sie die beiden hinteren Ausstellfenster.

Mit einer gut erhaltenen Ausgabe dieses Vollblutsportlers kann man nichts falsch machen, laut US-Komiker Jerry Seinfeld kann man mit Porsche eh nur EINEN Fehler begehen – nämlich keinen zu fahren!

Der 2,8 RSR steht außerhalb jedweden Neidgehabes schon wegen seines Alters, er ist brutal zu fahren und macht nichts außer Spaß! Und man muss, um Walter Röhrl zu zitieren, der angeblich mehr Fliegen mit seinem Seitenfenster erlegt hat als die meisten Normalsterblichen mit der Windschutzscheibe, nicht einmal das „Gelumpe ausschalten" (DSC, ESP o. Ä.), da es so etwas damals gar nicht gab!

Aus ganz persönlichen Gründen übrigens möchte ich die berühmte Reihe „Ein Mann muss ein Haus bauen, einen Sohn zeugen und einen Baum pflanzen" noch durch „und sich mindestens einmal auf einer Rennstrecke um 360 Grad gedreht haben, um danach das Grinsen nur noch operativ entfernt bekommen zu können" ergänzen. Und das wie gesagt am besten in einem Automobil, das sich dort bedeutend wohler fühlt als auf den Prachtstraßen dieser Welt. Denn:

„Racing is life. Anything before or after is just waiting."

(Steve McQueen als Frank Delaney in „Le Mans")

Der berühmte „Entenbürzel"

PORSCHE 911
Carrera 2,8 RSR

Felgen und Zierstreifen
gab es in Rot, Grün
oder Blau.

FORD
De Luxe Business Coupé
1940

AUTOMOBIL

10 ÄUSSERST HÖRENSWERTE AUTOFAHR-CD´S

Mid West USA/Weite Landschaft, sonnig: Neal Hefti/Duel at Diablo
Bochum, Uniparkhaus, nachts: Angelo Badalamenti/Twin Peaks, OST
Hindenburgdamm, Weihnachten: George Winston/December
New York: Beastie Boys/To The Five Boroughs
Tschechien, Frühling: Smetana/Mein Vaterland
Paris, nachts: Ry Cooder/Paris, Texas, OST
Überall, immer: Tom Waits/alles je Geschriebene
Berlin, Sommer: Danko Jones/We Sweat Blood
Bretagne, Regen: Wim Mertens/The Belly of an Architect
A31 nach Emden: Limp Bizkit/Chocolate Starfish A.T.H.D.F.W.

10 ÄUSSERST SEHENSWERTE AUTOFILME

LeMans, 1971, USA, 104 min.
R: Lee H. Katzin, D: Steve McQueen, Siegfried Rauch, Porsche 911, Porsche 917
Grand Prix, 1966, USA, 169 min.
R: John Frankenheimer, D: James Garner, Yves Montand, Honda RA273
Bobby Deerfield, 1974, USA, 124 min.
R: Sidney Pollack, D: Al Pacino, Marthe Keller, Brabham BT45, Ferrari 312T
Bullitt, 1968, USA, 113 min.
R: Peter Yates, D: Steve McQueen, Ford Mustang Fastback, Dodge Charger R/T
Ein Mann und eine Frau, 1966, F, 102 min.
R: Claude Lelouch, D: Jean-Louis Trintignant, Anouk Aimée, Ford Mustang
Indianapolis, 1969, USA, 123 min.
R: James Goldstone, D: Paul Newman, Joanne Woodward, Mini Cooper
French Connection, 1971, USA, 104 min.
R: William Friedkin, D: Gene Hackman, Roy Scheider, Lincoln Continental
Absolute Giganten, 1998, BRD, 80 min.
R: Sebastian Schipper, D: Frank Giering, Florian Lukas, Ford Granada GT
Driver, 1978, USA, 87 min.
R:Walter Hill, D: Ryan O´Neal, Bruce Dern, Isabelle Adjani, Pontiac Firebird
Fluchtpunkt San Francisco, 1971, USA, 95 min.
R: Richard C. Sarafian, D: Barry Newman, Dodge Challenger R/T

BALL

A1

FUSSBALL
SONNENLEDER
TORELLI 54 BERN

GEWICHT	420g	KOSTEN ($)	189,99
HÖHE (in cm)	21	0–100 km/h (in sec)	3,9
FEDERN	/	Vmax (in km/h)	155

BALL

Gib einem Mann einen Ball, und er ist glücklich! Manchmal reicht es gar, ihm einen im Fernsehgerät zu zeigen, vornehmlich samstags am frühen Abend. Der Ball darf filzig sein, länglich, rund, weiß, gelb oder braun, groß oder klein – und muss bestenfalls in etwas hineingetreten, -geschlagen oder -geworfen werden, wofür es mal einfache, mal komplizierte Zählmechanismen gibt.

Wer behauptet, Hunde seien ja sehr einfach gestrickt, das könne man schon feststellen, wenn man einen Ball werfe, der sollte mal beobachten, was mit gestandenen Männern bei einem identischen Versuchsaufbau passiert! Denn wer nicht bis ins hohe Alter beim ersten Schnee mit diesem in gekneteter Ballform versucht, Stoppschilder, Mülleimer oder ganz einfach „Dinge" zu treffen, der weiß nicht, was ihm entgeht. Inklusive des schönen Gefühls, wenn der Schmerz in den halbgefrorenen, dunkel roten Fingern nachlässt.

Müll ist oft auch nicht Müll, sondern „Ballrohmasse"; Raucher haben regelmäßig Material zur Verfügung, das, in kleine bis mittelgroße Kügelchen geformt, zum Drei-Punkte-Wurf in Aschenbecher hervorragend geeignet ist. Wobei tunlichst der Aschenbecher am eigenen Tisch zu ignorieren ist, zwei Tische weiter weg ist die Mindestdistanz!

Kaugummis, die den Geschmack verloren haben oder steinhart gekaut wurden, werden ausgespuckt, um im freien Fall mit dem Fuß noch eine geänderte Fluglinie verpasst zu bekommen. (Bitte nicht in Singapur machen, es drohen gepfeffert hohe Haftstrafen wegen Gehsteigbeschmutzung!)

Ein Zuckerwürfel, ein Löffel und ein Tisch – das perfekte Miniaturbaseballfeld! Die Kügelchen aus Tintenpatronen, ein Geodreieck und ein in den Tisch gebohrtes Löchlein führten seinerzeit zum Rauswurf aus dem Geschichtsunterricht, da der Lehrer nicht einsehen wollte, dass es nur eines einzigen Schlages bedurfte, um die Runde zwei unter Par und somit als Sieger vor dem Pultnachbarn zu beenden.

Und wo wir gerade in der Schule sind: Nicht wenige Sportlehrer stellen zu unwürdigen Turnübungen bei jedem Wind und Wetter die Alternative „draußen Fußball spielen", die von Jungen natürlich IMMER wahrgenommen wird, weswegen viele Männer später so schlecht Gingersalto, Flicflack oder schlicht Purzelbäume können, sich aber nebenbei zu echten

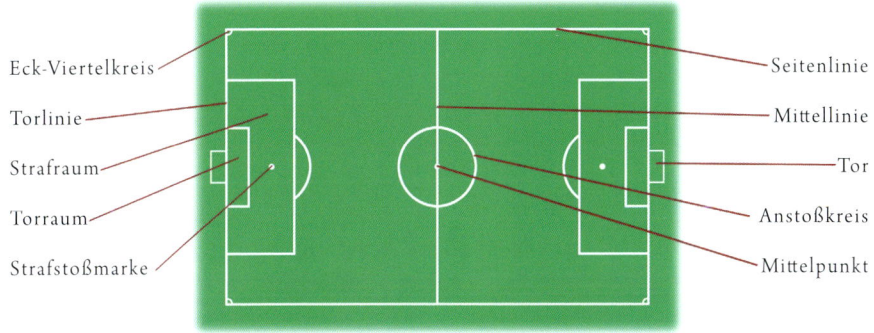

Eck-Viertelkreis
Torlinie
Strafraum
Torraum
Strafstoßmarke

Seitenlinie
Mittellinie
Tor
Anstoßkreis
Mittelpunkt

C3

BADMINTONBALL
RSL TOURNEY No.1

GEWICHT	5 g	KOSTEN (in $)	1,57
HÖHE (in cm)	8,5–9,2	0–100 km/h (in sec)	0,1
FEDERN	16	Vmax (in km/h)	362

BALL

Fußballexperten entwickeln, die NATÜRLICH stets mehr Ahnung vom Spiel haben als die Schiedsrichter oder Fernsehkommentatoren. Seltsamerweise halten sich Männer grundsätzlich für echte Experten, wenn es um Ballsport geht!

Dies gilt insbesondere für Sportarten, von denen sie vorher gerade mal gehört und sich noch schnell Halbbildung ergoogelt haben, und führt dann zu Sätzen wie „Im alten Rom hätte man dich den Löwen vorgeworfen!" beim Tamburello, „Vorbei die guten alten Zeiten, als sie noch mit lebenden Enten spielten!" beim El Pato, „Die Nummer sieben wäre bei den Chippewa längst skalpiert!" beim Lacrosse oder „Eigentlich viel zu warm für Ringette!" beim Ringette.

Und um noch ein wenig anzugeben, hier ein paar exotische Ballsportarten zum Nachschlagen: Futsal, Subbuteo, Tchoukball, Bandy, Hurling, Intercrosse, Shinty, Smolball, Indiaca, Jeu de Paume, Kaatsen, Sepak Takraw, Ricochet, Rackleton, Pesäpallo, Rundbold, Vigoro, Lapta, Longaméta, Oina, Palle Maille und Klootschießen – was phonetisch schon nah am Klugscheißen und somit ein schöner Abschluss für die obige Liste ist.

Männer umgeben sich auch gern mit allem, was sie entweder ballsportlerisch noch betreiben, betrieben haben oder einfach nur cool finden, wie z. B. dem originalen „Wunder-von-Bern-Ball", einem Baseball nebst dazugehörigem Schläger, einem Basketball samt Korb oder einem kompletten Golfschlägersatz. Alles muss immer sicht- und vor allem greif-/kickbar sein, denn Bälle wollen mal kurz gedribbelt, geworfen oder geschlagen werden, um dann bis zum nächsten „Spiel" in der Landeposition zu verharren und eben nicht weggeräumt zu werden. Und ähnlich wie bei den meisten in diesem Büchlein aufgelisteten Dingen gilt auch hier: So alt kann der Mann gar nicht werden, dass er sich nicht über irgendeinen Ball als Geschenk freut!

Psychologisch leider nicht bewiesen ist der Zusammenhang zwischen der Liebe zu allem Runden aus Leder, Filz etc. und den angeborenen, ja angewachsenen Weichteilen, die der Mann unterleibs trägt, im Englischen passend und zugleich verwirrend als „balls" bezeichnet! Der abschließende, eigentlich vorhandenes Rückgrat signalisierende Satz, bekommt eine vollends andere Bedeutung, wenn er sich auf eine große Sammlung diverser runder Spielgeräte bezieht und nicht auf die biologische Grundausstattung:
„I have got the balls to do that!"

TITLEIST
Golfball

PENN
Tennisball

RAWLINGS
Baseball

NIKE
Football

WILSON
Basketball

BERGSTEIGEN
Die Achttausender

Mount Everest/Chomolungma, Nepal/Tibet, 8848 m
Sir Edmund Hillary, Tenzing Norgay, 1953

K2/Chogori, Pakistan/China, 8611 m
Achille Compagnoni, Lino Lacedelli, 1954

Kanchenchunga, Indien/Nepal, 8586 m
George Band, Joe Brown, 1955

Lhotse, Nepal/Tibet, 8516 m
Fritz Luchsinger, Ernst Reiss, 1956

Makalu, China/Nepal, 8485 m
Lionel Terray, Jean Couzy, 1955

Cho Oyu, China/Nepal, 8188 m
Josef Löchler, Herbert Tichy, Pasang Dawang Lama, 1954

Daulaghiri I, Nepal, 8167 m
Kurt Diemberger, Nawang Dorje, Ernst Forrer, A. Schlebert, Peter Diener, Nyima Dorje, 1960

Manaslu, Nepal, 8163 m
Gyalzen Norbu, Toshio Imanishi, 1956

Nanga Parbat, Pakistan, 8125 m
Herrmann Buhl, 1953

Annapurna I, Nepal, 8091 m
Louis Lachenal, Maurice Herzog, 1950

Gasherbrum I, Pakistan, China, 8080 m
Peter K. Schoening, Andrew J. Kauffman, 1958

Falchan Kangri, China/Pakistan, 8051 m
H. Buhl, K.Diemberger, M. Schmuck, F. Wintersteller, 1957

Gasherbrum II, Pakistan/China, 8034 m
Fritz Moravec, Hans Willenpart, Josef Larch, 1956

Shisha Pangma, Tibet, 8057 m
Xu Jing, Zhang Junyan, Wang Fuzhou, Chen San, Cheng Tianliang, Wu Zongyue, Sodnam Dorji, Minar Trashi, Dorji, Tontan, 1964

BERGSTEIGEN

Männer wollen hoch hinaus. Und im Gegensatz zur Fliegerei gilt beim Kraxeln der Leitspruch „Runter kommen sie immer" nicht wirklich, zumindest nicht bis ganz runter, was meist an Fehltritten weit oben, kombiniert mit unsanften Landungen relativ weit unten liegt.

Aber genau das macht für echte Männer das Bergsteigen so spannend, der Tod ist gerne Gast im oft zentnerschweren Rucksack. Mount Everest, K2, Watzmann, Eiger mit der berühmten Nordwand und Konsorten strahlen allein durch ihre Namen etwas derart Bedrohliches aus, dass Menschen mit Höhenangst schon beim Lesen Schwindelgefühle bekommen. Verpönt ist allerdings, sich von schlechtbezahlten Sherpas auf mittlerweile überfüllte Achttausendergipfel hieven zu lassen und sich brav in die Warteschlange einzureihen, statt mutterseelenallein Erstbesteigungen zu bewältigen.

Wobei fairerweise zu erwähnen ist, dass es da nichts, aber auch gar nichts mehr erstzubesteigen gibt.

Für diejenigen, die sich gerne mit Thermoskanne und Zigarette auf einen Himalayagiganten fliegen lassen würden – was ja bekanntlich völliger Unsinn wäre, da man sich peu à peu an die achttausend Meter heranatmen muss, man da oben derart Kopfweh bekommt, dass einem bestimmt nicht nach Nikotin/Koffein ist, und es unmöglich sein dürfte, einen wahnsinnigen Piloten zu finden – gibt es die männertypische Variante dieses Extremsports: DVD einschieben, Füße hoch, und ab in die gefilmtenBerge:

PETZL
Charlet Quark
Eispickel

DER BERG RUFT D 1934, 94 min.
R: Luis Trenker, D: Luis Trenker, Heidemarie Hatheier, Matterhorn

CLIFFHANGER USA 1993, 113 min.
R: Renny Harlin, D: Sylvester Stallone, John Lithgow, Rocky Mountains

HIMALAYA F/CH 1999, 108 min.
R: Eric Valli, D: Thilen Lhondup, Gurgon Kyap, Himalaya-Gebirge

THE EIGER SANCTION USA 1975, 123 min.
R: Clint Eastwood, D: Clint Eastwood, George Kennedy, Eiger

K2 CS/USA 1991, 102 min.
R: Franc Roddam, D: Michael Biehn, Matt Craven, K2

VERTICAL LIMIT USA 2001, 124 min.
R: Martin Campbell, D: Chris O´Donnell, Robin Tunney, Scott Glenn, K2

OFFICIAL RACK OF
THE WPBA TOUR

AUTHENTIC
EST.
TRADE **BRUNSWICK** MARK
1845
AMERICAN

Regulation

BRUNSWICK
BIG BREAK RACK

BRUNSWICK
Big Break Rack
& Centennial
Pool Balls

BILLARD

Billard. Das klingt nach in mehreren Dekaden gereiftem Whiskey, einem gutsitzenden Smoking, altem Holz in herrschaftlichem Gemäuer und einer sehr noblen Konversation, die durch das Versenken bunter Kugeln auf feinstem Tuch verfeinert wird. Edel eben. Und ausschließlich zur privaten, nicht kommerziellen Erbauung gespielt.

Sieht man heutzutage einen Billardspieler, so ist man zappenderweise meist auf einem Sportkanal gelandet und muss dann mit Grauen feststellen, dass da gern zahnlose, miserabel tätowierte Männer mit asymmetrisch geschnittenen oder Stinktiere nachahmenden Frisuren in knallbunten Westen für mittlerweile viel Geld vor einem ballonseidenen Publikum herumhampeln und dem an sich edlen Spiel jede Würde nehmen.

Machmal denkt man in Anbetracht dieser schlechtgewandten Herren, man sei wieder bei Darts gelandet, sieht dann aber keine Pfeile, sondern Queues. Wobei fairerweise zu sagen ist, dass Darts in Kneipen erfunden und hauptsächlich auch dort gespielt wurde und wird, es sich also eher um einen Aufstieg ins öffentliche Interesse handelt und nicht wie beim Billard um einen enormen Abstieg.

Billard macht Spaß, keine Frage. Aber man sollte das Spiel beherrschen, wenn man an einen Tisch tritt, denn nichts ist peinlicher, als Kugeln vom Tisch zu hebeln, Queues zu zerbrechen, anderen die Magengrube zu ruinieren oder einfach stundenlang nicht einzulochen.

Denn es gilt: Billard spielen können ist wie verheiratet sein, beides geht nicht ein nur bisschen.

BRUNSWICK Clik, 1923
Billardkreide

Für Billardfreunde und solche, die es werden wollen:
HAIE DER GROSSSTADT USA 1961, 134 min.
R: Robert Rossen, D: Paul Newman, Jackie Gleason, Piper Laurie
DIE FARBE DES GELDES USA 1986, 115 min.
R: Martin Scorsese, D: Paul Newman, Tom Cruise, Mary E. Mastrantonio
ALLES AUF ZUCKER D 2004, 95 min.
R: Dani Levy, D: Henry Hübchen, Hannelore Elsner, Udo Samel

MASTER
Billardkreide

LA PAVONI
Europiccolo Lusso
Espressomaschine

CAFFÈ

Kaffee oder, wie der Nordfriese es ausspricht, „Kaffe" ist das beliebteste Getränk der Deutschen, peinlicherweise schlagen die Finnen uns mit etwa fünf Tassen pro Kopf und Tag um eine ganze Tasse im weltweiten Vergleich – an mir kann es nicht liegen, denn wahrscheinlich stehen im bundesweiten Vergleich wir Friesen ganz oben auf der Liste.

Apropos Kaffe(e) und Nordfriesen: am 12.10.1872 wurde auf der Insel Nordstrand das sechste oder siebte Kind des Bauern Peter Johannsen getauft, was ordentlich gefeiert und begossen wurde. Gast der Tauffeier war auch der äußerst suspekt erscheinende Pastor Georg Bleyer, der unbegreiflicherweise den Alkohol verteufelte und ihn deshalb auch nicht anrührte. Da der Friese an sich aber gern und viel davon konsumiert, schenkte man allen außer dem Geistlichen Kaffe(e) mit Rum und einem Häubchen aus Schlagsahne ein, was die Versorgung mit Geistigem ohne verräterischen Duft sicherte. Ob nun der Gastgeber die Ausgabekontrolle verlor oder ob sich Pastor Bleyer wunderte, dass außer ihm alle Gäste immer lustiger wurden, ist nicht überliefert, wohl aber sein an biblisch erfasste Heuchler angelehnter Ausspruch: „Oh, ihr Pharisäer!"

Und was macht der Friese, wenn er erwischt wird? Das Beste draus und nennt fortan sein Nationalgetränk „Pharisäer".

Ob es zum italienischen Caffè Correto eine Taufgeschichte gibt, ist leider nicht bekannt, aber auch da wird dem Espresso Höchstprozentiges zugeführt. Cappuccino, Espresso Lungo oder Caffè Latte sind mittlerweile selbst in Nordfriesland angekommen, was das langsame Sterben des guten deutschen Filterkaffees erklärt. Zu Recht allerdings, denn nichts geht über einen gepressten Kaffe(e), sei er nun mit Milch, Schnaps oder Schlagsahne angereichert. Wer heutzutage daheim keine Espressomaschine hat, der hält die erste Sprosse des sozialen Abstiegs bereits fest umklammert.

Wobei ganz klar zu sagen ist, dass es nur die extrem hochwertigen und ebenso hochpreisigen Geräte mit den eigentlich klar überlegenen Gastromaschinen aufnehmen können.

Günstige und von Millionen Italienern sehr geschätzte Alternative zu Vibiemme, Jura, Pavoni, Saeco und Konsorten ist und bleibt der auf die Herdplatte zu setzende Aluminiumkocher von Lavazza oder Bialetti.

BIALETTI
Espressokocher

CARRERA-BAHN

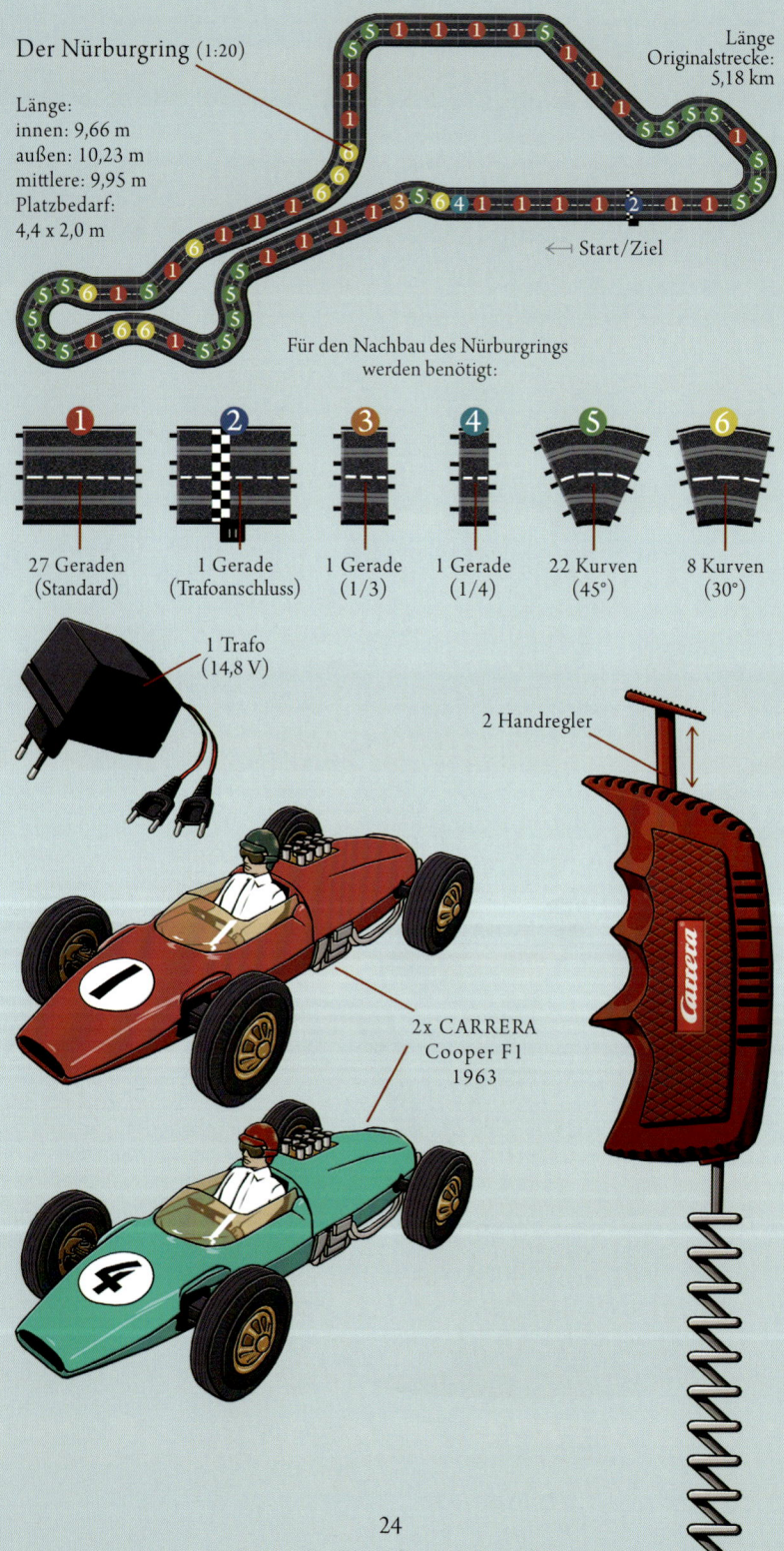

Der Nürburgring (1:20)

Länge
Originalstrecke:
5,18 km

Länge:
innen: 9,66 m
außen: 10,23 m
mittlere: 9,95 m
Platzbedarf:
4,4 x 2,0 m

⟵ Start/Ziel

Für den Nachbau des Nürburgrings
werden benötigt:

①	②	③	④	⑤	⑥
27 Geraden (Standard)	1 Gerade (Trafoanschluss)	1 Gerade (1/3)	1 Gerade (1/4)	22 Kurven (45°)	8 Kurven (30°)

1 Trafo
(14,8 V)

2 Handregler

2x CARRERA
Cooper F1
1963

CARRERA-BAHN

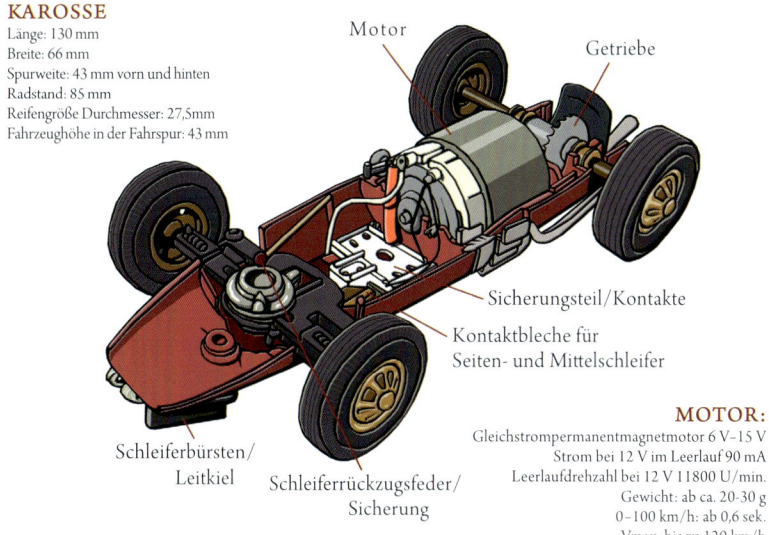

KAROSSE
Länge: 130 mm
Breite: 66 mm
Spurweite: 43 mm vorn und hinten
Radstand: 85 mm
Reifengröße Durchmesser: 27,5mm
Fahrzeughöhe in der Fahrspur: 43 mm

Motor

Getriebe

Sicherungsteil/Kontakte

Kontaktbleche für
Seiten- und Mittelschleifer

Schleiferbürsten/
Leitkiel

Schleiferrückzugsfeder/
Sicherung

MOTOR:
Gleichstrompermanentmagnetmotor 6 V–15 V
Strom bei 12 V im Leerlauf 90 mA
Leerlaufdrehzahl bei 12 V 11800 U/min.
Gewicht: ab ca. 20-30 g
0–100 km/h: ab 0,6 sek.
Vmax: bis zu 120 km/h

CARRERA Cooper F1 T66/1963

Eigentlich müsste dieses Kapitel „Slot Car" oder „spurgebundene Autorennbahn" heißen, aber der Begriff „Carrera" hat sich nahezu weltweit als Synonym für ebenjene schienengeführten Rennbahnen durchgesetzt.

Es gibt unzählige Anbieter von Fahrzeugen, die teils detaillierter und funktionsfähiger sind als einige Kraftfahrzeuge aus neueren EU-Mitgliedsländern. Die Modelle, die eigentlich dafür gebaut wurden, schnell über die Strecke gescheucht zu werden, sind oftmals mit derart liebevoll angeklebten Spiegelchen, Spoilerchen etc. versehen, dass man sie nur in die Vitrine stellt, wobei Vitrinen eigentlich absolut verboten sind

Dann lieber ab in die Schublade, denn kaum etwas ist so peinlich wie ein Wohnzimmer mit zig Autos, die sich der Bewohner in echt niemals würde leisten können. Getoppt werden solch innenarchitektonische Fehlleistungen nur von den besten Stuben eingefleischter Schumacher/Ferrari-Fans, die neben rot-gelben Tassen nicht sehr viele im Schrank haben.

Ähnlich wie über Lego, Fußball oder Taschenlampe freut sich jeder Mann bis ins Rentenalter kiebig über eine Carrera-Bahn, die allerdings nicht zu Familienfesten wie Weihnachten verschenkt werden sollte, da dies mannigfaltige Gründe für Krach im Kreise der dann gar nicht mehr so Lieben liefert: Der Herr will NATÜRLICH SOFORT spielen, während die Dame lieber den Baum bestaunen oder Lieder singen möchte. Oder es sind Kinder zugegen, für die Carrera NATÜRLICH nicht gedacht ist.

Der schlimmste aller Fälle: Er erklärt ihr stundenlang, wie einfach es doch ist, die Regler zu betätigen, und wie dämlich man sein muss, aus der Kurve zu fliegen – um dann nach drei Runden gegen die Gemahlin schon ganze zwei Runden zurückzuliegen.

Gott sei Dank kann weltweit kein Mann mit Carrera-Autos demonstrieren, wie perfektes Einparken funktioniert ...

iMac 24″ von 2009
Betriebssystem MAC OS X 10.5, 3,06 GHz
2 GB RAM, erweiterbar auf 4 GB
Basispreis $ 2199,00

COMPUTER

Schaut man sich die ersten leistungsfähigen Rechner der Welt an, dann mag man nicht glauben, dass Computer Jahrzehnte später in nur einen einzigen Raum passen, ja sogar auf einen kleinen Schreibtisch, der noch genug Platz für das übliche Papierkramchaos lässt. Zählten die ersten Rechner noch Festplattenkapazität und Arbeitsspeicher in Kilobyte (kB), so ist man mittlerweile in Terabytes (TB) unterwegs (1 TB/1.000.000.000 kB); uns erwarten in naher Zukunft noch die drollig klingenden Einheiten Petabyte (1 PB/1.000 TB), Exabyte (1 EB/1.000 PB), Zettabyte (1 ZB/1.000 EB) und Yottabyte (1 YB/1.000 ZB).

Und da es müßig ist, auch nur zu versuchen, etwas Aktuelles über Computer zu schreiben, werden hier typische, neuzeitliche Aussetzer aufgelistet, die in Zeiten vor der weltweiten Normalität, einen Rechner zu besitzen, zu nutzen und zu beherrschen, undenkbar gewesen wären.

1. „Telefonieren": man sitzt konzentriert am Rechner, muss oder möchte einen Anruf tätigen, greift zum Telefon, wählt auf der Rechnertastatur die Nummer und wundert sich, dass weiterhin nur das Freizeichen ertönt ...

2. „Aktion widerrufen": Man skizziert old school etwas mit Bleistift auf Papier, verzeichnet sich, legt aufwendig Blatt und Stift beiseite und drückt Apfel Z/CTRL Z, worauf sich natürlich die Bleistiftlinie nicht von selbst löscht ...

3. „Licht an": Nach einem langen Tag am Rechner beginnt es draußen dunkel zu werden, und man bewegt die Maus in Richtung des rechts oben außerhalb des Rechners gelegenen Lichtschalters, doppelklickt und wundert sich, warum das Licht kaputt ist ...

Wenn das Schicksal einem wohlgesonnen ist, dann ist man während solcher Aktionen mutterseelenallein und wird nicht von Menschen beobachtet, die fürderhin Stammtische mit obigen Anekdötchen füttern.

Apple I von 1976, Betriebssystem MOS 6502, 1.023 MHz
4 kb RAM, erweiterbar auf max. 65 kb, Basispreis $ 666,66

CUSTOM MADE
Singlespeed Bike

FAHRRAD

Ein Text über das Fahrrad MUSS nahezu zwingend mit der Tour de France beginnen, ist sie doch neben den Olympischen Spielen und der Fußballweltmeisterschaft die drittgrößte Sportveranstaltung weltweit.
Die Tour wurde 1903 ins Leben gerufen und hatte schon im zweiten Jahr ihre ersten „Doping-Fälle": Die Plätze eins bis vier in der Gesamtwertung wurden allesamt disqualifiziert, weil die Fahrer sich hin und wieder von Autos ziehen ließen oder Teile der Strecke mit der Eisenbahn fuhren!
Außerdem waren damals Cognac, Bier, Wein, Sekt, Koffein, Chloroform, Kokain und Nitroglyzerin gerngesehene Gäste in der Verpflegungstasche.
Nun aber zum sauberen Sport, der allerdings in den meisten Fällen ebenfalls mit später eher unerwünschten Hilfsmitteln begann: den guten alten Stützrädern!
Ähnlich in die Erinnerung eingebrannt wie der erste Kuss, die erste Zigarette oder der erste Vollrausch ist für viele die erste Fahrt ohne die beiden Helferlein rechts und links des Hinterrades.

NICOLAI
Argon ROCC
XC/Marathon/Tour

Das erste Fahrrad aufzubewahren hat sicherlich eher nostalgische Gründe, aber unter Garantie hat sich wohl jeder Mann rückblickend das eine oder andere Mal schwer geärgert, Fahrräder regelmäßig ausgetauscht zu haben: Das Bonanzarad gegen ein Klapprad, das Klapprad gegen ein Hollandrad, das Hollandrad gegen einen Vollrenner, den Vollrenner gegen einen Beach Cruiser, den Beach Cruiser gegen ein Mountainbike und das Mountainbike gegen einen Single Speeder.
Das Tragische an diesem Spielchen ist, dass man eigentlich ALLE jemals gefahrenen Räder hätte aufbewahren müssen, um für jede zeitgeistige Mode gewappnet zu sein, denn ähnlich wie bei guten Songs gilt auch bei Fahrradtypen, dass sie irgendwann wiederkommen!
Deswegen gibt es beim Kauf eines neuen Fahrrades nur zwei Dinge zu beachten:
1. Das alte Fahrrad grundreinigen und geschützt in die Garage stellen.
2. Läden mit Namen wie „Tretobratze", „Dradesel" oder „Radauken" weiträumig umradeln!
Man geht ja auch nicht zu Friseuren, die „CutHaarStrophal" oder „KaiserSchnitt" heißen – und seine Rauchwaren erwirbt man im Tabakfachhandel und nicht bei „Zum Lungenbrötchen" ...

FERNSEHEN

HORNYPHON
s/w TV-Gerät

FERNSEHEN

Das Fernsehen kann vieles, es schlägt Zeit tot, es lehrt, es erheitert, und manchmal ist es zukunftsweisend, indem es außergewöhnliche Berufe zeigt, von denen man ohne TV nichts wüsste, die man aber zwingend später ausüben möchte, wie z. B. Dorfältester, Deichgraf oder Winnetou.

So manche Dokumentation über Eingeborene in Afrika, die sich rührend um den Dorfältesten kümmerten, ihm Essen brachten, ihn von A nach B trugen (obwohl der Dorfälteste maximal vierzig und somit sicher nicht der älteste Bewohner des Dorfes war), führte bei jugendlichen Betrachtern zu der Äußerung: „Cool, Dorfältester ist genau mein Ding!" (Früher wohl eher „fein" oder „prima" – „cool" kam später.)

Auch den ganzen Tag wie der Storm´sche Schimmelreiter Deiche hinauf- und hinabzugaloppieren funktionierte perfekt als schöne zukünftige Lebensaufgabe!

Und zu Winnetou muss man nicht viel sagen, obwohl die Filme, die in den siebzigern ausgestrahlt wurden, in der Zwischenzeit umgeschnitten worden sein MÜSSEN. Und zwar von sehr spannenden, sehr gut gemachten Western zu schlecht vertonten Kostümkomödien aus Jugoslawien.

Als in den späten neunzigern des vorigen Jahrhunderts alle Karl-May-Verfilmungen wiederholt wurden, freuten sich nicht wenige auf ebenjene.

Und dann das: Eröffnungssequenz des ersten Filmes, gefühlte vierzig Räuber verfolgen den Guten, geographisch bedingt alle hintereinander aufgereiht auf einem sehr schmalen Weg reitend; ALLE Bösewichte schießen einfach geradeaus, was unweigerlich dazu hätte führen müssen, dass bis auf den letzten Reiter ALLE sterben. Nix da! Nur der verfolgte Gute wird angeschossen, plumpst auf einem Plateau doof vom Pferd und wird schließlich von einem Banditen mit einem Messer „erstochen", dessen Gummiklinge sich zur Kamera hin nach vorne (!!!) biegt und das dann vom Erstochenen „herausgezogen" und an einen Gesteinsbrocken geworfen wird, an dem es für den Rest der Einstellung weich wie eine Bananenschale angeschmiegt liegen bleibt. Schlimm. Und Gott sei Dank von vielen als Kind nicht bemerkt, sonst wäre der Berufswunsch Winnetou garantiert nicht zustande gekommen.

Der wurde aber sowieso von allen flugs aufgegeben, die nach einer Karl-May-Aufführung in Bad Segeberg oder Olpe die noch kostümierten Indianerkomparsen auf ihren Mopeds nach Hause knattern sahen. Auf Mopeds! Nicht auf Pferden!

EIN COLT
FÜR ALLE FÄLLE
GMC Sierra Grande

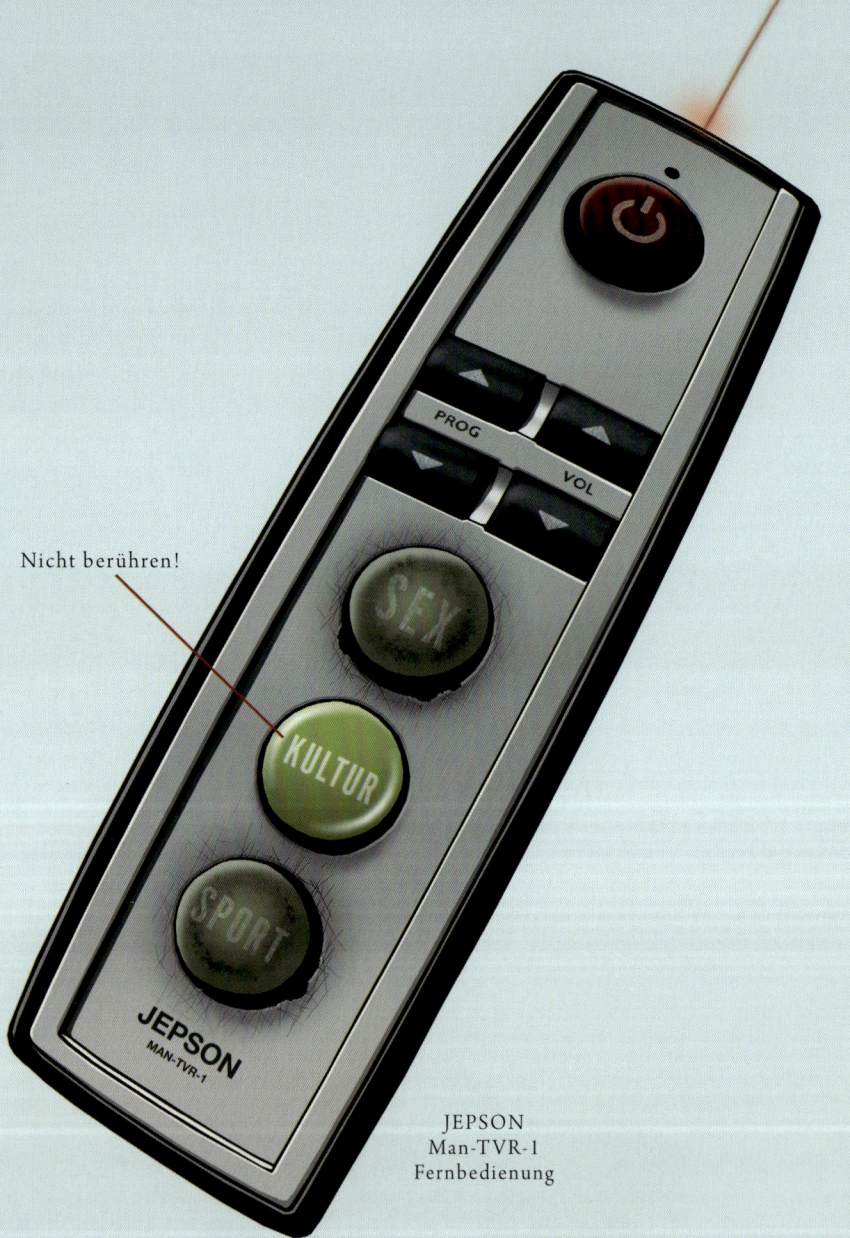

Nicht berühren!

JEPSON
Man-TVR-1
Fernbedienung

FERNSEHEN

Was schwer verwundert, ist die Tatsache, dass damals neben sechs bis sieben Stunden Schule, noch mal fünf bis sechs Stunden Fußball und elf Minuten Hausaufgaben noch Zeit blieb, jede Fernsehserie zu glotzen!

Die Helden waren eher die Cartwrights als die Waltons, Colt Seavers und nicht die rote Zora und natürlich die zeitgleich zum Haus am Eaton Place ausgestrahlten Bundesligaprofis in der ARD Sportschau. Manche Frau denkt wahrscheinlich, das Fernsehen wäre ausschließlich für Fußball erfunden worden oder umgekehrt. Was natürlich falsch ist, denn Männer haben die Neigung, vor nahezu JEDER Sportart kleben zu bleiben, die beim Zappen gefunden wird. Beliebte neue TV-Sportarten, die ehedem Randexistenzen darstellten, sind ganz klar Curling, Dressurreiten oder Synchronschwimmen. Mit zunehmendem Alter beschränkt sich die sportliche Aktivität des Mannes tendenziell komplett auf die rege Teilnahme via TV-Gerät. Manche behaupten, selbiges gilt auch für Sex und Reisen. Wozu umständlich Koffer packen, wenn Bali doch gerade mal einen Knopfdruck entfernt ist. Und für die kulturelle Weiterbildung gibt es dank Satellitenfernsehen ein mehr als reichhaltiges Angebot, welches einem Wissens wertes über Fruchtbarkeitstänze in Papua-Neuguinea oder neueste Errungenschaften in der Nacktmullforschung ins Wohnzimmer trägt.

Aber zurück zum echten Fernsehen: Hat man sich früher noch jüngeren Mitmenschen gegenüber den Mund fusselig geschwärmt über diverse ehemalige Serien-Highlights, so kann man heutzutage einfach auf verschiedene Sender verweisen, die entweder nichts Besseres auszustrahlen haben oder aber die Qualität so erlesener Juwelen wie „Die Straßen von San Francisco", „Detektiv Rockford", „Bonanza", „Ein Colt für alle Fälle", „Hart aber herzlich", „Magnum", „Kojak" oder „Remington Steele" erkannt haben.

Ein Mann kann übrigens einer Frau nicht sehr viel besser zeigen, dass er sie wirklich liebt, als dadurch, dass er ihr die Fernbedienung in die Hand gibt und sie auch dort belässt, wenn er während des High-Speed-Zappens schon hundertmal liebend gerne bei einem dann blitzartig verschwindenden Sender verweilt hätte. Denn mehr noch als durch die primären Geschlechtsteile unterscheiden sich Mann und Frau in dem, was sie für sehenswert halten. Und bleibt eine Frau freiwillig bei Fußball oder Autotests kleben: SOFORT ab auf die Knie, den längst erworbenen Ring hervorzau ʾern und einen Antrag machen!

UNIVERSUM
s/w Portable
TV-Gerät

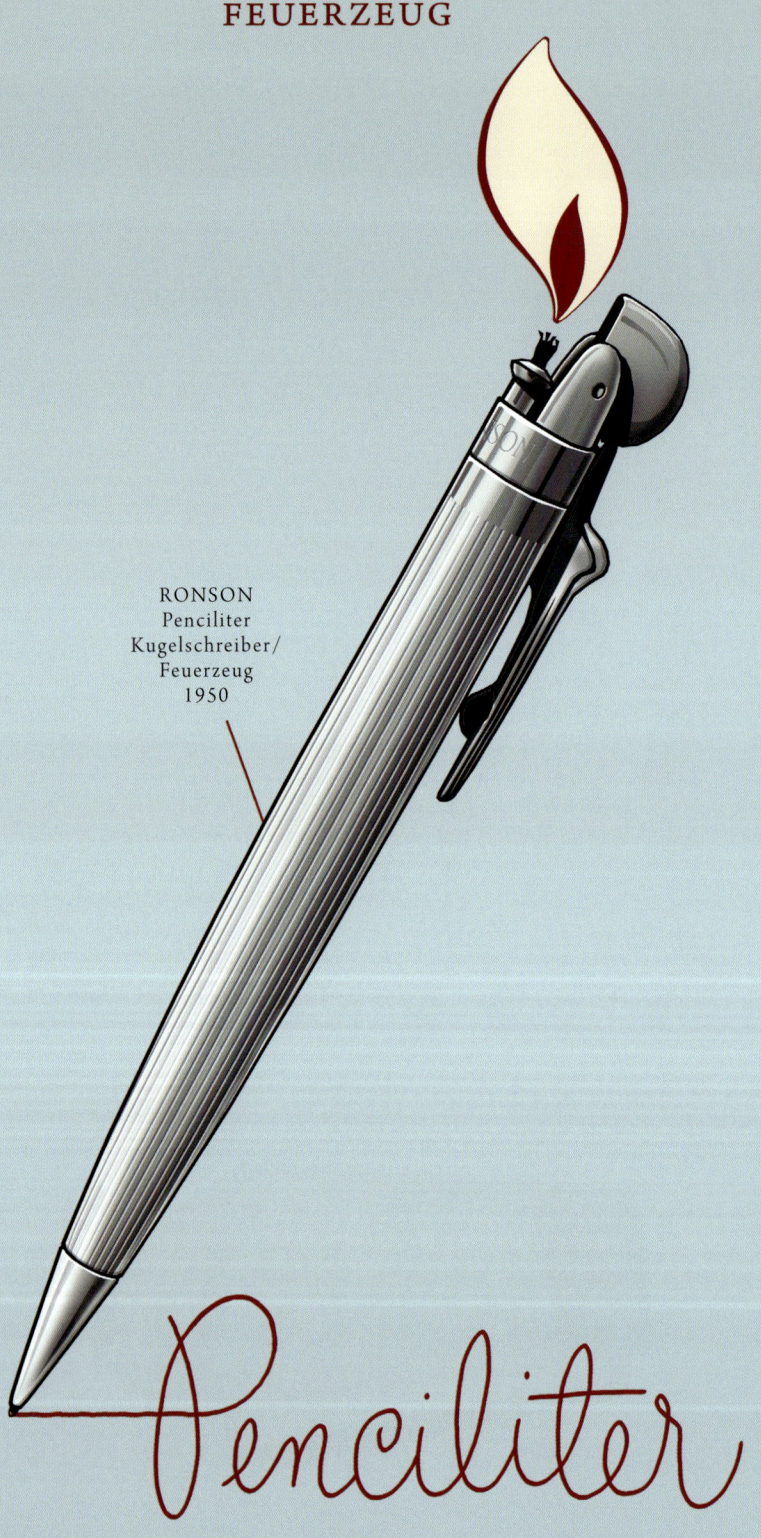

RONSON
Penciliter
Kugelschreiber/
Feuerzeug
1950

Penciliter

FEUERZEUG

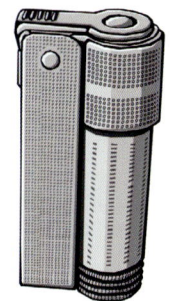

IMCO Triplex Super

Zippo Solid Brass

S. T. Dupont Linie 1

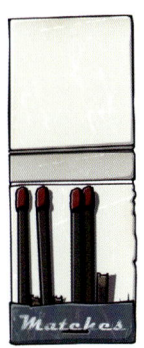

US Matchbook

Wer glaubt, dass Feuerzeuge ausschließlich zum Entfachen von Grill, Zigarette, Kamin oder sanierungsbedürftigem Altbau da sind, der kennt die Männer nicht.

Angefangen damit, dass das Feuerzeug eine perfekte Visitenkarte ist, die schon vor dem Hinsetzen platziert wird – und erste Rückschlüsse auf den Besitzer zulässt.

Da ist z. B. der BIC- Mann, der stets Einwegfeuerzeuge benutzt, verliert, mopst und sich wenig Gedanken um stilvolles Feuergeben macht. Einzige Pluspunkte eines solchen Plastikteils sind dessen Zusatzfunktionen Flaschenöffner und Feuersteinersatzteillager.

Der Zippo- Mann hingegen signalisiert zumeist eine gewisse Affinität zu Lagerfeuern, Kuhherden und Bohnen, er wäre sehr gern Cowboy. Was eigentlich seltsam ist, bedenkt man, dass es die Zippos erst seit 1932 gibt, als Farbfilm, Automobil, Flugzeug und moderne Rindviehhaltung also bereits erfunden waren. Auch der Bezug zu diversen unnötigen Kriegen ist berechtigt, denn das Zippo hat GIs in alle Teile der Welt, in die sie eigentlich nicht gehörten, begleitet. Der Benzingeruch und -geschmack sind derart prägend, dass eingefleischte Zippo-Nutzer den ersten Zug einer Zigarette, durch Gas oder Streichholz entfacht, als einen neuen Geschmack erleben. Umgekehrt gibt es Menschen, die lieber gar nicht rauchen, als sich mit einem Zippo Feuer geben zu lassen. Einzigartig ist der Klang beim Öffnen eines Zippos, schier unerschöpflich die Möglichkeiten, wie man es öffnet. Gibt man bei youtube „Zippo" ein, so sollte man sich ein paar Tage Zeit nehmen, um wirklich ALLE Tricks zu sehen, die dieses kleine Messinggerät zulässt.

Klanglich etwas eleganter und eher die Visitenkarte des Gentlemans ist das Dupont-Feuerzeug, am edelsten in der Sterlingsilberausführung „Linie 1". Man meint förmlich, das massive Edelmetall herauszuhören, wenn der Deckel nach oben schnellt. Allein das Gewicht ist beeindruckend und sorgt dafür, dass man permanent mit dem schweren Stück herumspielt – und andauernd öffnet man das edle Gerät, um die Akustik zu genießen. Aber Vorsicht, Nachteil des Dupont ist die Tatsache, dass bei jedem Öffnen des Deckels Gas ausströmt, zu häufiger Genuss des PLINGS führt also zu recht kurzfristigem Nachtanken mit den teuren, aber unbedingt originalen Patronen.

Und wenn man als Dupont-User nach Feuer gefragt wird, tut man gut daran, es höchstpersönlich zu entfachen, da die Hälfte der Füllung bereits entwichen ist, wenn endlich begriffen wurde, dass man da nichts drückt, sondern das Rädchen an der Seite dreht!

Ein weiterer Klassiker unter den Feuerzeugen – auch ein

FEUERZEUG

Das Zippo und seine 22 Einzelteile

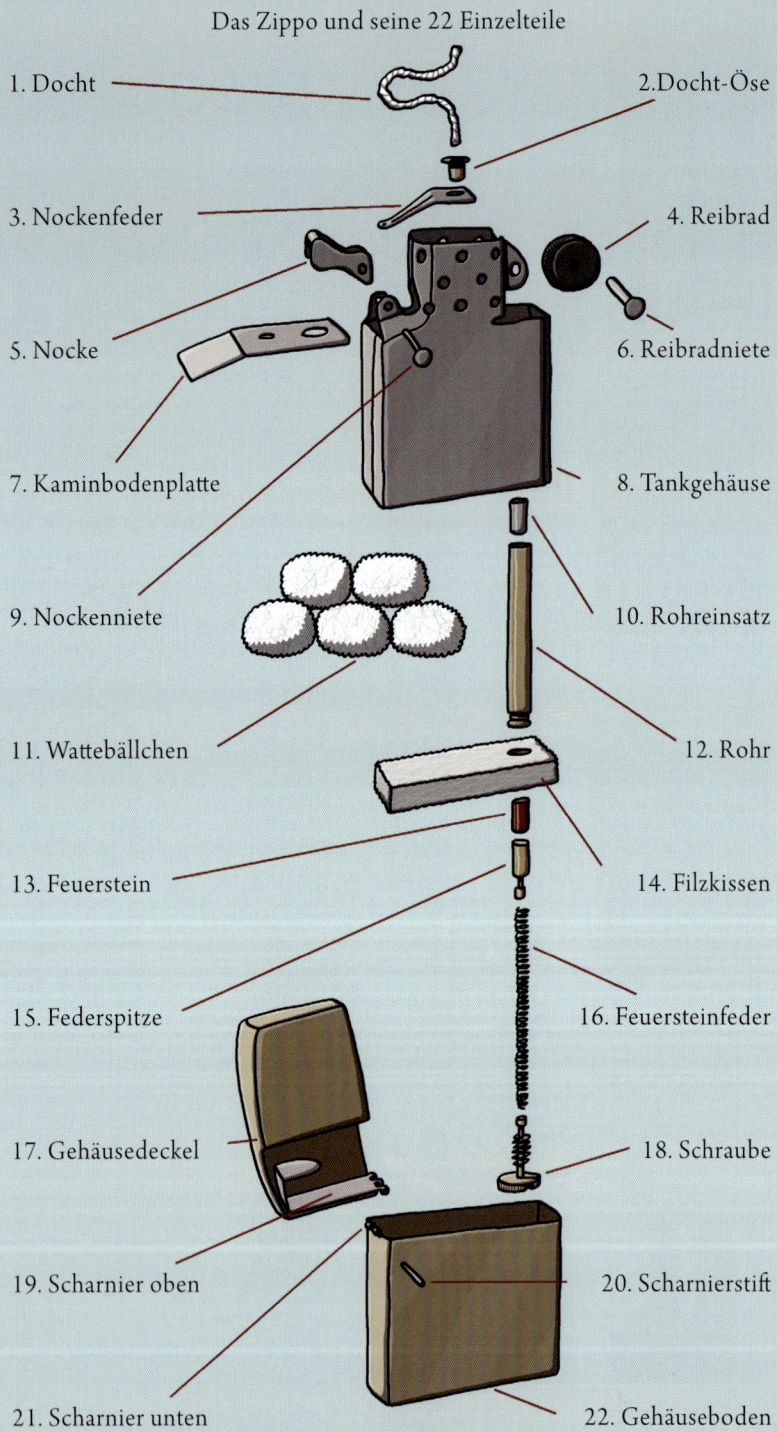

1. Docht

2. Docht-Öse

3. Nockenfeder

4. Reibrad

5. Nocke

6. Reibradniete

7. Kaminbodenplatte

8. Tankgehäuse

9. Nockenniete

10. Rohreinsatz

11. Wattebällchen

12. Rohr

13. Feuerstein

14. Filzkissen

15. Federspitze

16. Feuersteinfeder

17. Gehäusedeckel

18. Schraube

19. Scharnier oben

20. Scharnierstift

21. Scharnier unten

22. Gehäuseboden

FEUERZEUG

Benziner – ist das Wiener IMCO Triplex Super, Modell 6700. Wenn man dort Feuersteinfach oder Tank auffüllt, kommt man sich bisweilen vor wie ein Auftragskiller, der seine Waffe zerlegt, pflegt und für den Einsatz wieder zusammenbaut. Und genau so klingt es auch – sehr mechanisch!

Und da wir gerade dabei sind: Ganz und gar unpraktisch ist eine sehr hübsche und sehr verspielte Variante des Feuerzeugs: die Pistole. Man kann sie nicht mit ins Café nehmen (zu groß für die Hosentasche, zu groß auch die Gefahr, von übereifrigen und verängstigten Mitbürgern die Kavallerie auf den Hals geschickt zu bekommen), sie funktionieren nur bei jedem zweiten bis dritten Zündversuch und sind für einen Flug in die USA komplett ungeeignet bzw. bescheren einem unter Umständen unschöne Ferienerlebnisse im überfüllten Club St. Quentin. Aber man kann daheim mit dem Teil Ziehen üben, man kann – ganz Cowboy – den Colt um den Finger kreisen lassen, und betätigt man den Abzug, dann macht es so etwas Ähnliches wie „Peng".

Für zu Hause also die coolste Art, auf sich und andere zu feuern.

In Sachen Coolness und als Gegenteil von langweiligem Feuergeben ist auch die US-Variante des Streichholzes (matchbook) bombastisch, am besten (auch mit zwei gesunden Händen) einhändig entfacht, indem man eines der Pappstäbchen in Richtung Reibefläche dreht, den Zündkopf beherzt dagegen rubbelt – und sich dann die Zigarette anzündet. Aber auch hier ist Vorsicht geboten, nicht selten ist man zu erfreut darüber, dass es beim ersten Versuch geklappt hat – und bemerkt nicht, dass das brennende Zündholz alle anderen auch entflammt hat, was gern zu einer kleinen Explosion führt, die wiederum große Brandblasen verursachen kann.

Grundsätzlich jedoch gilt für alle Feuerzeuge:

Mann soll mit dem Feuer spielen!

PYTHON 357 8" Lighter

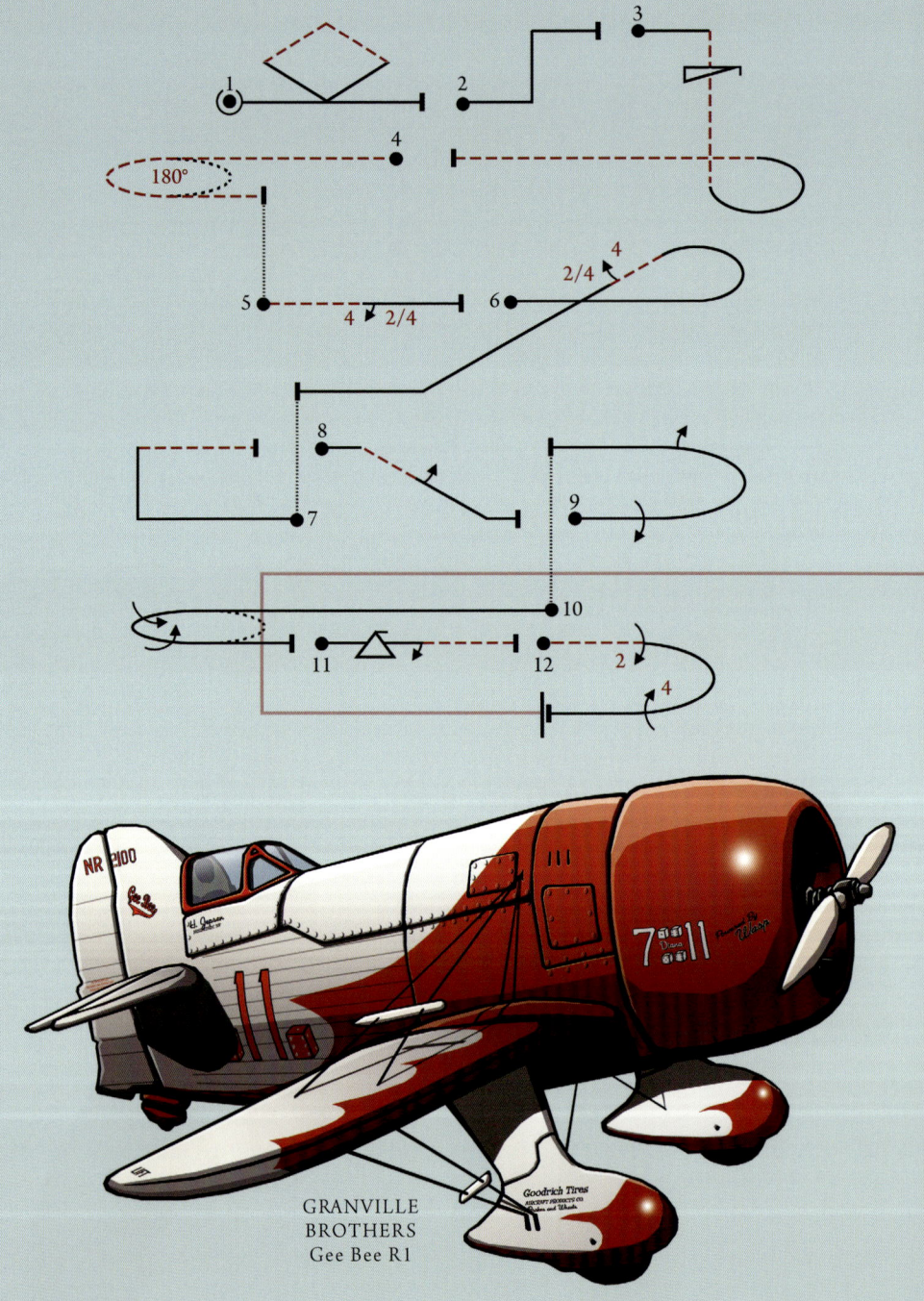

GRANVILLE
BROTHERS
Gee Bee R1

FLUGZEUG

„Kapitän Hansen und seine Crew begrüßen Sie an Bord und wünschen Ihnen einen guten Flug! Da unser Bord-TV ausgefallen ist, wird Kapitän Hansen zwischen London und New York zu Ihrer Unterhaltung diverse Immelmänner, gerissene Rollen, Turns, Rollenkreise und Torquen bringen!" Wenn man in einem Airbus 380 oder einer Boeing 747 sitzt und kurz nach dem Start diese Durchsage hört, dann sollte man sich entweder sofort wieder anschnallen oder versuchen, selbst das Ruder zu übernehmen.

Denn entweder ist der Pilot wahnsinnig geworden, oder er macht sich einen üblen Scherz mit den zwei bis drei Passagieren, die wissen, dass diese Manöver neben dem Looping, dem Trudeln, dem Rückenflug und der Kubanischen Acht Kunstflugfiguren sind, die ausschließlich von speziell dafür entwickelten Maschinen und extrem gut ausgebildeten Piloten geflogen werden können.

Die ersten Flugversuche wurden übrigens auch Kunstflug genannt – ob nun zur Unterscheidung vom natürlichen Flug der Vögel oder wegen der oft atemberaubend tollkühnen und künstlerisch sehr wertvollen Starts und (Bruch-)Landungen ist leider nicht überliefert.

Der Traum vom Fliegen ist so alt wie die Menschheit selbst – und stets waren es die Mutigsten, die den Fortschritt in der Fliegerei vorantrieben.

Anfangs dadurch, dass sie überhaupt flogen und in der Luft blieben, dann bei den Versuchen, die Schallmauer zu durchbrechen bzw. sie mehrfach zu durchbrechen, und schließlich bei der Erkundung des Weltraums.

Wir verneigen uns also vor:

Daedalus und Ikarus, Otto Lilienthal, Hugo Junkers, August Euler, Orville und Wilbur Wright, Ernst Heinkel, Igor Sikorski, Manfred von Richthofen, Gerhard Fieseler, Willy Messerschmidt, Charles Lindbergh, Antoine de Saint-Exupéry, Howard Hughes, Beate Uhse und Chuck Yeager.

Und natürlich vor Snoopy, der in unser aller Kindertagen für „flugfähige" Kartons, Tische oder Matratzen verantwortlich war.

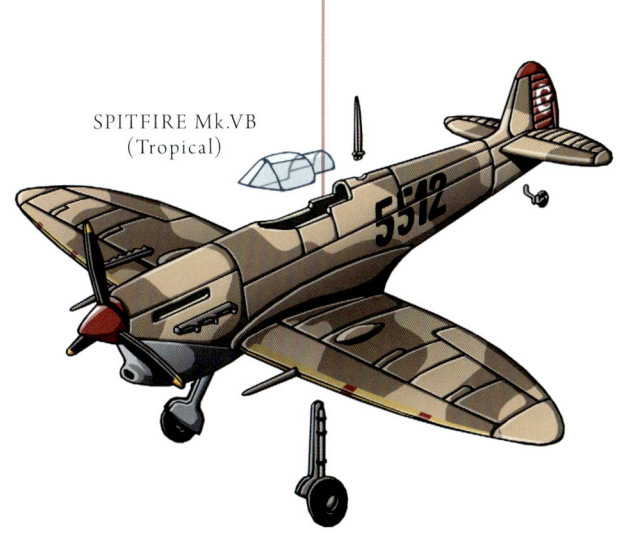

SPITFIRE Mk.VB
(Tropical)

FOTOGRAFIE

LEICA M8
Digitalkamera/
LEICA SF 24D
Systemblitz

FOTOGRAFIE

Einer der größten Vorteile des Illustrators gegenüber einem Fotografen ist, dass den meisten Mitbürgern durchaus bewusst ist, wo die Grenzen ihrer zeichnerischen Fähigkeiten anzusiedeln sind – nicht aber die für ein fotografisches Talent. Abermillionen geknipste Sonnenuntergänge, kaputte Fenster, Katzen, Babys und Aussagen wie „Wenn ich die Klum vor der Kamera hätte, könnte ich das auch" beweisen, dass sich die Hälfte der Menschheit für einen zweiten Ansel Adams oder Peter Lindbergh hält.

Was den versammelten Fotoapparatherstellern dieser Welt stündlich die Kassen füllt. Die meisten Filmproduzenten haben inzwischen eingepackt und sich, wenn sie doch überlebt haben, auf digitale Speichermedien eingeschossen. Wobei sich mittlerweile selbst Vollamateure zu Äußerungen betreffs der Unschlagbarkeit analoger Fotografie hinreißen lassen.

Besonders befremdliche Auswüchse übereifriger Hobbyknipser sind die Versuche, durch das Medium Fotografie an zumeist sehr hübsche Frauen heranzukommen, denen vorgegaukelt wird, man würde sie für modelfähig halten, nur um auch mal eine halbnackte Brust zu sehen. Peinlich ist das und unanständig dazu! Mit dem Film „Blow Up" entlehnten Kommandos a la „Ja! Dreh dich! Zeig´s mir!" o.ä. fühlen sich diese Kandidaten dann besser, als die Fotos jemals werden, die sie dabei schießen.

Nicht dass wir uns da falsch verstehen: „Blow Up" ist ein Meisterwerk, das einem den Beruf des Modefotografen auf faszinierndste Art und Weise vorführt. Kaum ein Film schafft es, einen derart in den Bann zu ziehen, dass man auch die 342. Wiederholung, die gern weit nach Mitternacht ausgestrahlt wird, bis zum Ende durchhält.

In der digitalen Fotografie übrigens nimmt der Fortschritt ähnliche Ausmaße an wie in der Mobiltelefonie. Hat man sich nach stundenlanger Beratung oder vorherigem Internetstudium für einen Apparat entschieden und ihn sich gekauft, so wird der frei gewordene Platz im Regal in dem Moment, in dem man das Fachgeschäft verlässt, durch eine Kamera mit doppelt so viel Megapixeln für halb so viel Geld aufgefüllt.

Deswegen gilt hier: Lieber etwas mehr Geld ausgeben und sich einen Fotoapparat mit möglichst brillanter Optik aus den Häusern Leica oder Zeiss zulegen; und wenn man nicht nach kürzester Zeit ein optisch veraltetes Gerät besitzen möchte, dann sollte man sich auf klassische Designs beschränken, ein Metallgehäuse und dann doch die größtmögliche Zahl vor dem Begriff „Megapixel"

LEICA M7
Messsucherkamera

FÜLLFEDERHALTER

MONTBLANC
Meisterstück
Platin

FÜLLFEDERHALTER

Nicht sehr vieles kann einen ähnlich heftigen Schock auslösen wie der Anblick des eigenen, kurz zuvor an jemanden verliehenen Meisterstücks, dessen Kappe nicht aufgedreht, sondern brutal abgezogen wird!
Und das nur, um noch schnell die Adresse, die man eh nie wollte, aufgeschrieben zu bekommen. Aber wie groß ist die Freude, wenn man danach feststellt, dass diese Vergewaltigung dem guten Kolbenfüller nicht den geringsten Schaden zugefügt hat! Wie irgendeine nicht alle beisammen habende TV-Moderatorin einmal sagte: „Qualität hat SEINEN Preis!"
Montblanc Meisterstück, Aurora Europa, Caran d´Ache Chinalack, Omas Super Paragon, Parker Duofold, Pelikan Souvereign, Sheaffer Legacy Heritage oder Waterman Edson sind scheinbar für die Ewigkeit hergestellt und werden wohl auch nie an Wert verlieren. Wenn man nicht selbst eines dieser Kleinodien vererbt bekam, so hat man definitiv schon Erbstück Nummer eins für die lieben Nachkömmlinge parat.
Es macht Riesenfreude, mit z. B. einem Meisterstück Platinum unendlich lange Linien zu ziehen, ohne dass der Tintenfluss abreißt, wie es seinerzeit mit Pelikano oder Geha an der Tagesordnung war. Dringend zu empfehlen ist, stets eine vom Füllfederhalterhersteller seines Vertrauens angebotene Tinte zu erwerben – und bitte nicht in Patronenform. Irgendwie macht es Sinn, beim Betanken des guten Stücks erst den restlichen Inhalt abzulassen, ihn dann vollzutanken und wieder fünf bis sechs Tröpfchen ins Fass zurückzutröpfeln. Man versuche diese Prozedur mal mit einer Patrone!
Im Übrigen empfiehlt es sich, wenn einem Adressen aufgedrängt werden, diese lieber selbst zu notieren, denn wirklich gute Federn passen sich im Laufe eines langen Lebens an die Hand des Besitzers an, der Feinschliff geschieht sozusagen in Heimarbeit. Und um eben sowohl rabiate Kappenabzugsmanöver als auch den nicht besitzerbezogenen Schliff der Feder zu verhindern, sollte man sich lieber als eigensinniger Stiesel, der seine Sachen nicht verleiht, titulieren lassen, als obenerwähnte Schockerlebnisse zu provozieren. Denn die oberste Regel im Umgang mit edelstem Schreibgerät lautet: Einen Füller verleiht man ebenso niemals, wie man es mit seiner Frau oder Freundin tut!

PARKER
Quink
Nachfülltinte

GEISTIGE GETRÄNKE

MOUTON ROTHSCHILD
1945, 28 750 $/Flasche

GEISTIGE GETRÄNKE

Blue Love – True Love

Der Mann schaut nach der eignen Frau hin
und denkt: Die geht nur, wenn ich blau bin!
Drum schenkt er sich vom guten Wein
flugs zwei, drei, vier, fünf Gläschen ein.
Doch wirken tut der Tropfen nicht,
potthässlich bleibt des Weibs Gesicht.
Drauf spült er nach mit reichlich Bieren,
kriecht zu der Frau auf allen vieren,
und glotzt ihr lange ins Gesicht.
Leck mich am Arsch, auch Bier hilft nicht!
Ob Gin da etwas retten kann?,
fragt sich der nun schon stramme Mann.
Er ext ´ne ganze Flasche flott,
schaut´s Frauchen an und denkt: O Gott!
Wie kann man nur so hässlich sein
nach so viel Bier und Gin und Wein?
Verzweifelt greift zum Whiskey er,
macht schnell die ganze Flasche leer,
erblickt sein Weib und stellt dann fest:
„Jetzt geb ich mir mit Korn den Rest!"
Nach zwo, drei Flaschen von dem Schnaps
gibt er der Gattin einen Klaps,
schaut ins Gesicht so halb genau
und lallt vergnügt: „Na geht doch, Frau!
Jetzt bin ich blau und du bist schön,
dann lass uns mal nach oben gehn!"
Und die Moral von der Geschicht:
Saufen schad´t der Liebe nicht!

FLENSBURGER
Bier

HENDRICK´S
Gin

GLENURY ROYAL
Whiskey

GELD

DÖTTLING SAFE
Unikat der Modellreihe
„Legends"

GELD

„Guten Tag, ich hätte gerne eine Schokolade und einmal Waschmittel! Was kostet das bitte?" „Hundert Mark!" „Das ist aber billig!" So oder so ähnlich wird wohl bei vielen Männern der Erstkontakt mit „echtem" Geld stattgefunden haben. Der Käufer war man selbst, der Verkäufer das Brüderchen, das Schwesterlein, Mama oder Papa. Die Schokoladenpackung war leer und das klitzekleine Wachmittelpäckchen mit nahezu ungenießbaren Knusperkugeln gefüllt. Der Supermarkt hieß nicht Edeka, Plus, Spar, Lidl oder Aldi, sondern schlicht „Kaufmannsladen".

Wie um alles in der Welt will man erwarten, dass der Junge, der eine leere Schokoladenverpackung und nicht schmackhaftes Waschpulver bei einem Kaufpreis von hundert Mark/Euro für billig hält, später als erwachsener Mann auch nur ansatzweise mit Geld umgehen kann?!?

Männer haben nämlich das große Talent, sich alles „billig" (richtig wäre natürlich: günstig!) zu rechnen, was sie unbedingt haben wollen. Der Lamborghini lässt sich geradezu verlustfrei wiederverkaufen, die maßgefertigten Lederschuhe sind unverwüstlich – und das zweite Paar ist fast schon geschenkt, da der Leisten ja nur einmal berechnet wird! Auf ähnliche Art und Weise lassen sich die unnützesten Sachen schönrechnen!

Wer in seiner Jugend ausgiebig Monopoly spielte – und es mehr als unterhaltsam fand – der schlug gerne eine Karriere als Finanzjongleur ein, wobei ganz klar ist, dass nicht jeder, der Hotels auf die Schlossallee setzen konnte, damit automatisch eine Legitimation hatte, zum „Beherrscher der Welt" zu werden (Gordon Gecko über Broker im Film „Wall Street", Regie: Oliver Stone, USA 1987).

Wohin übertriebener Ehrgeiz und vor allem Raffgier allererster Kajüte führen kann, ist bei jeder von eben jenen Finanzgenies verursachten Weltwirtschaftskrise fein zu beobachten.

Diejenigen, die Geld nicht zu ihrem Beruf gemacht haben, wittern nichtsdestotrotz an jeder Ecke ebenfalls die Chance, ganz leicht das große Geld zu machen: Sie pokern um hohe Einsätze, gehen ins Casino oder vertrauen auf die Schnelligkeit des Geheimtipps auf vier Hufen.

Gespart wird von Männern meist nicht für schlechtere Zeiten, sondern für bessere Flatscreens oder Sportwagen, die gar nicht teuer genug sein können!

Denn wie sagte schon der Mann, dessen Name niemand kennt:
„Ich bin zu reich, um mir billigen Plunder leisten zu können!"

BULLE
Statue, Wall Street, NY,
Symbol für steigende
Aktienkurse

FENDER
Stratocaster

GITARRE

Ein Text über die Gitarre MUSS mit Ricky King beginnen, der alle zwei Jahre eine CD mit dem Titel „Ricky King – Welthits auf der Gitarre" auf den Markt wirft und das seit ca. 1970! Der feine Herr geht dabei kaum Risiken ein, da er sich meist Songs ausguckt, die mehrere Wochen auf ersten Plätzen diverser Charts standen.

Bleibt zu hoffen, dass folgende Juwelen dem Gitarrenterminator auch weiterhin nicht auffallen:

Beastie Boys – In 3´s, Beatles – And I Love Her, Beck – Lazy Flies, Bloodhound Gang – Fire Water Burn, Blur – Song 2, Brant Bjork and the Bros. – Arcade Eyes, Cake – Commissioning A Symphony In C, Calexico – Minas De Cobre (acoustic), Clawfish – Nothing Going On, Cracker – Low (acoustic), The Cure – Subway Song, Mike Doughty – Janine, Steve Earle – Open Your Window, Eels – Lone Wolf, Foo Fighters – Tired Of You, José Gonzales – Heartbeats, Gorillaz – 5/4, Grauzone – Eisbär, Ben Harper – Burn One Down, The Hives – Hate To Say I Told You So, Billy Idol – Rebel Yell (acoustic), Chris Isaak – Baby Did A Bad Bad Thing, Danko Jones – Soul On Ice, Lenny Krawitz – Fields Of Joy, Mark Lanegan – Carry Home, Limp Bizkit – Break Stuff, Muse – Unintended, Nirvana – Something In The Way, Pearl Jam – No Way, Tom Petty – Don´t Fade On Me, PJ Harvey – To Bring You My Love, Iggy Pop – Shoeshine Girl, Puddle Of Mud – Control (acoustic), Queens Of The Stoneage – Little Sister, R.E.M. – Low, Radiohead – Paranoid Android, Rage Against The Machine – Killing In The Name Of, Rammstein – Asche zu Asche, Red Hot Chili Peppers – I Could Have Lied, Lou Reed – Strawman, Pipilotti Rist – Wicked Game, Rolling Stones – Gimme Shelter, Selig – Wenn ich wollte, Silverchair – Spawn Again, Nancy Sinatra – Bang Bang, Smashing Pumpkins – 1979, Sophia – Oh My Love, Soul Coughing – Rare Star Ball, Soundgarden – The Day I Tried To Lie, Spliff – Heut Nacht, Stereophonics – The Bartender, The Strokes – 12:51, System Of A Down – Toxicity, Otis Taylor – Rosa, Rosa, Thomas D. – Ich, Ich, Ich oder der Schrei des Ego, Tom Waits – I Don´t Wanna Grow Up, Trieb – Reich sein, Ugly Kid Joe – Sandwich, Violent Femmes – Country Death Song, Weezer – Hash Pipe, Wheatus – Leroy, White Stripes – Seven Nation Army

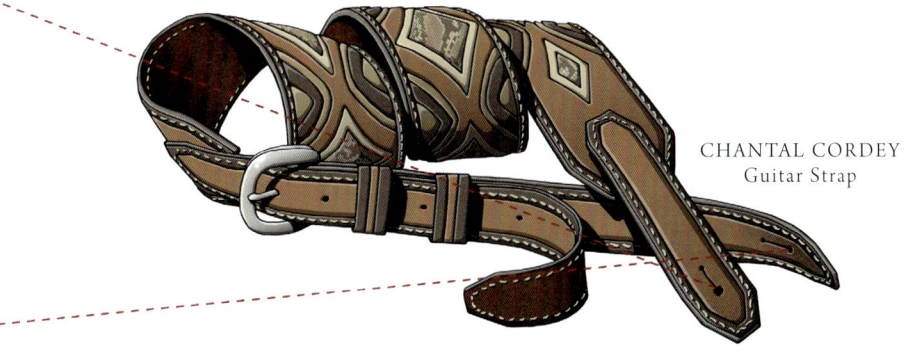

CHANTAL CORDEY
Guitar Strap

GRILLEN

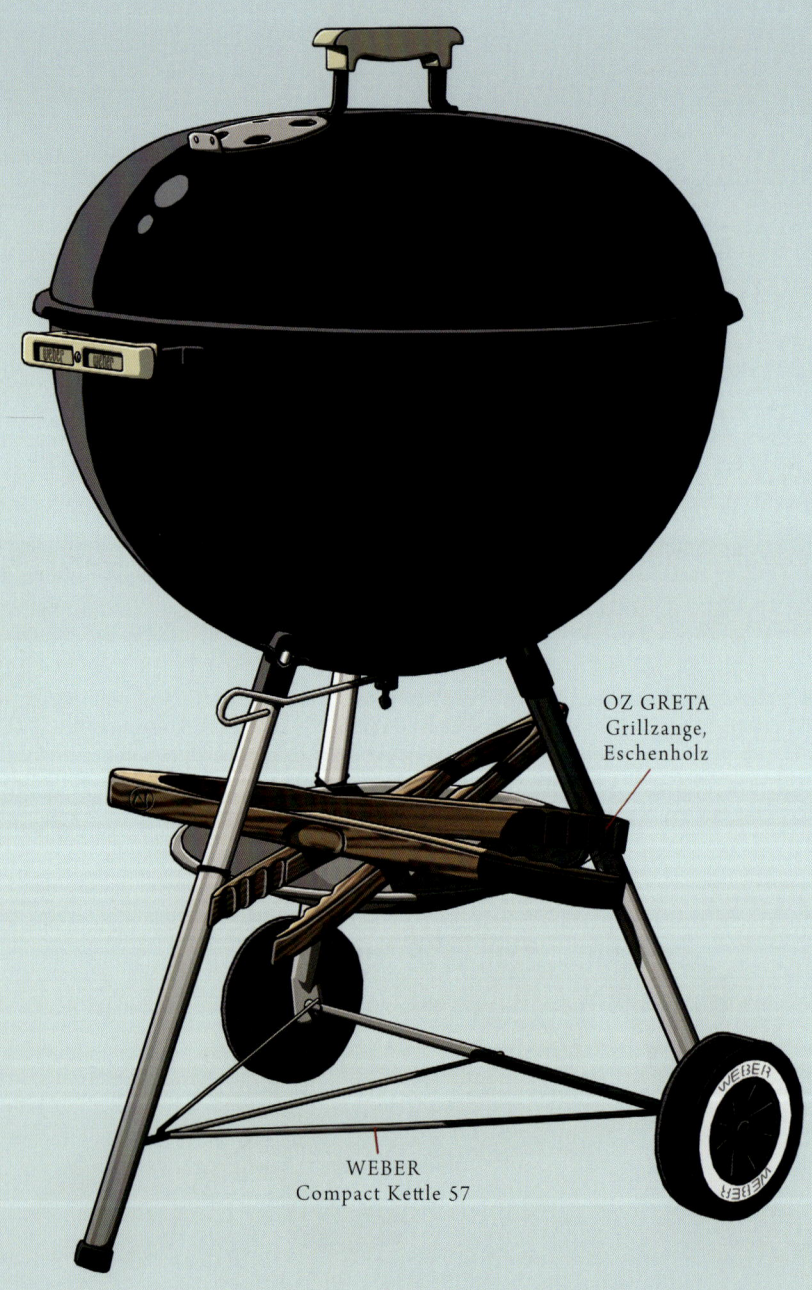

OZ GRETA
Grillzange,
Eschenholz

WEBER
Compact Kettle 57

GRILLEN

Wer denkt, dass nur im Hochsommer bei lauen Lüftchen gegrillt wird, der täuscht sich! Heutzutage wird Ende Oktober/Anfang November neuerdings das sogenannte „Abgrillen" zelebriert. Und hier ist der Nordfriese führend in der Eröffnung einer ganzjährigen Outdoorsaison, indem er zum „Abgrillen UND Anpunschen" einlädt, um dann höchstwahrscheinlich im Frühjahr das „Abpunschen und Angrillen" feierlich zu begehen.

Wenn er ehrlich wäre, würde der oft nur wenige Kilometer von seinem Heimatort campende und auch fast ganzjährig grillende Nordrheinwestfale vor dieser verbalen Meisterleistung respektvoll die Schiebermütze lüpfen. Denn er hält sich wohl im bundesweiten Vergleich für den Experten in Sachen Grillen. Das tun aber auch die Bewohner jedes anderen Bundeslandes, was dann logischerweise dazu führt, dass es neben Fußball-Bundesliga und Länderintelligenzwettbewerben auch Deutsche Grill-Meisterschaften gibt, deren Gewinner dann auf europäischer Ebene weitergrillen und schließlich tatsächlich an Weltmeisterschaften teilnehmen.

Dort gewinnt dann nicht der Teilnehmer mit den wenigsten Verbrennungen an Armen und Beinen oder dem am schnellsten gegarten Würstchen, sondern derjenige, der sowohl am zügigsten als auch am delikatesten nahezu sterneverdächtige Speisen vom Grill hebelt.

Die Griller der Welt sind sogar in der World Barbecue Association organisiert und führen eine Weltrangliste; den Zuwachs an Popularität kann man bestens daran beobachten, dass die Austragung der Grillweltmeisterschaften, bei so vergessenen Orten wie Pirmasens anfangend, mittlerweile in Städten des Kalibers Brüssel angekommen ist und wahrscheinlich Tausende Schaulustige anzieht, die perverserweise tagelang von angenehmsten Düften und Leckereien umgeben sind, dann aber den Punktrichtern beim Verzehr der größtenteils fleischlichen Köstlichkeiten zuschauen müssen.

Also Obacht, werte Vegetarier und Veganer, der Griller ist kein Herbi-, sondern definitiv eher ein Carnivore:

Das meiste, was bei ihm auf dem glühenden Rost landet, hatte Eltern!

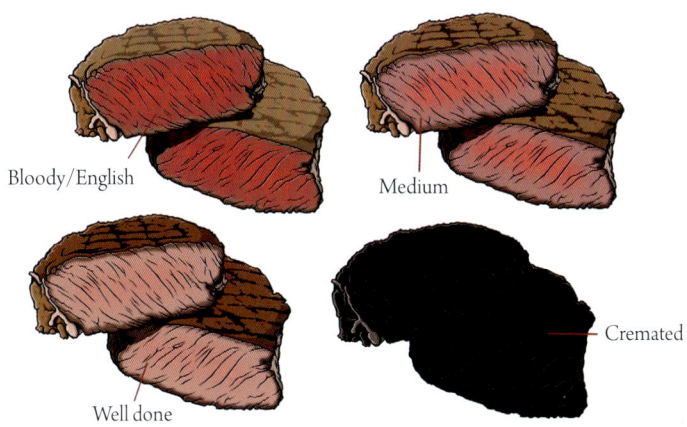

Bloody/English   Medium

Well done   Cremated

Das Steak und seine Garungsstufen

HAUS

BREAKWATER LIGHTHOUSE
Chicago, 1893

HAUS

Um es gleich zu klären, die eigentlich bösen Worte zum Thema Haus sind: Doppelhaushälfte und Reihenhausmittelstück!

Was soll es bringen, eine 180-Quadratmeter-Altbauwohnung in der Innenstadt aufzugeben, wenn man doch wieder mindestens eine Wand hat, durch die die lieben Nachbarn jeden Mucks und jede Mucke mithören können?

Wenn schon Haus, dann richtig: freistehend, mit Land oder Ländereien drumherum, bestenfalls mit dem berühmten alten Obstbaumbestand und einer Kiesauffahrt oder an einer rauhen Küste mit eigenem Leuchtturm.

Ob das Haus dann vier Bäder, acht Schlafzimmer und drei Gästezimmer hat oder nicht, ist vollkommen unmaßgeblich, solange es einen Saal für die Carrera-Bahn gibt, einen perfekt zu verdunkelnden Fernsehraum, den lückenlos bestückten Hobbykeller und natürlich immer mindestens eine Garage mehr, als Kraftfahrzeuge vorhanden sind.

Beim Kauf des zu renovierenden oder zu bauenden Hauses sei lediglich zu bedenken, dass genügend Platz für Anbauten vorhanden ist, noch vor dem Einzug ein Gärtner engagiert wird, ein Schnellimbiss in Rufweite und die nächste Autobahnauffahrt gerade so weit entfernt liegt, dass der Verkehr darauf nicht mehr im Strandkorb zu hören ist.

Im Idealfall hat man es nicht weit zur Rennstrecke, zum Yachthafen oder zum Fußballstadion seiner Helden, anzudenken wären noch ein eigener Hubschrauberlandeplatz und die in den Garten integrierte Achtzehnloch-Golfanlage.

Wenn man allerdings die Chance bekommt, ein von beispielsweise Frank Lloyd Wright, Richard Neutra, Le Corbusier oder Ludwig Mies van der Rohe entworfenes Eigenheim zu erwerben, dann sollte man obige Liste tunlichst streichen, den Kontostand prüfen und zuschlagen, sofern man flüssig und umzugswillig ist.

Bei derlei architektonischen Leckerbissen ist es dann auch egal, wenn man als neue Adresse z. B. „Fallingwater, Bear Run, Ohiopyle, Pennsylvania" oder „Kaufmann Desert House, Palm Springs, California" angeben und eventuell die Nationalität wechseln muss ...

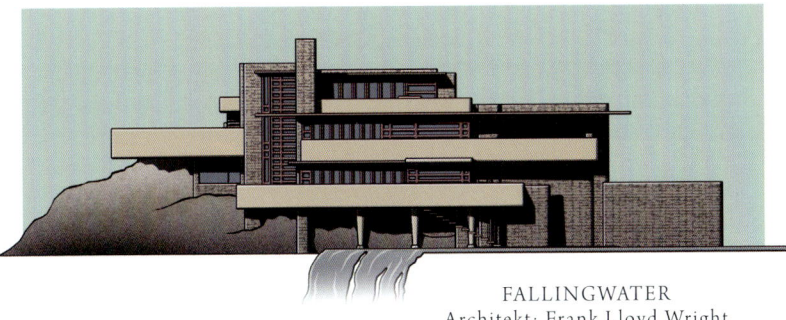

FALLINGWATER
Architekt: Frank Lloyd Wright
Bear Run, Ohiopyle, PA

STAX
Kopfhörer SR 303
Verstärker SRM 310

HIGH FIDELITY

Zunächst einmal: Zu lautes Hören von Musik kann Ihre Ohren schädigen und zu gespannten Nachbarschaftsverhältnissen führen!

Doch wer mehr Geld in seine Stereoanlage investiert als manch anderer in einen Sportwagen, der wird diese auch so hören wollen, wie sie vom Hersteller angedacht ist: sehr laut.

Wer Porsche fährt, der hat ja auch nicht das Einparken als Hobby!

Diejenigen, die dauernd beim Nachbarn klingeln, weil sie wieder jedes einzelne Lied heraushören können, sollten darüber zumindest ein bisschen froh sein, denn wenn nebenan eine Kompaktanlage von 1988 in ähnlicher Lautstärke wummerte, dann kämen maximal und sehr dumpf die Bässe und Schlagzeugrhythmen an, aber garantiert keine erkennbaren Liedfetzen.

Und wenn man eh schon geklopft hat, dann sollte man sich den Luxus erlauben, vor der nachbarlichen Anlage Platz zu nehmen und sich das eine oder andere Lieblingsstück einmal glasklar und brülllaut vorspielen zu lassen – man wird im wahrsten Sinne seinen Ohren nicht mehr trauen und tausendmal gehörte Melodien neu erleben. Selbiges gilt für Lieblingsfilme, die man erstmalig in High Definition erlebt.

Faire Besitzer von Spitzenanlagen, die nicht im Eigenheim wohnen, sollten sich allerdings ein paar Grundregeln zulegen:

1. Die meisten Menschen schlafen um 2.30 Uhr und tun dies am liebsten in einer ruhigen Umgebung.

2. Der eigene Musikgeschmack deckt sich nicht unbedingt mit dem der Menschen, die unter/über einem wohnen.

3. Bei der Betrachtung von Filmen, in denen Panzer Kleinstädte einnehmen oder ausschließlich Neutronenbomben gezündet werden, empfiehlt es sich, die Nachbarn durch Zettelchen im Hausflur vorzuwarnen, dass es sich von 20.00 bis 22.30Uhr um „Heimkino" und nicht um „Dritter Weltkrieg" handeln wird.

4. Arbeitet man auswärts, während seit Wochen im tagsüber Haus gehämmert und gebohrt wird, so ist es mehr als nett, für die Dauer des Baulärms die Musik abends lautstärkereduziert oder per Kopfhörer zu genießen.

5. Geradezu liebenswert ist es, die späte Heimkehr der Nachbarn wahrzunehmen, zum Telefon zu greifen und höflich zu fragen: „Darf ich King Kong noch zu Ende gucken?"

McINTOSH
MC206 Six Channel
Power Amplifier

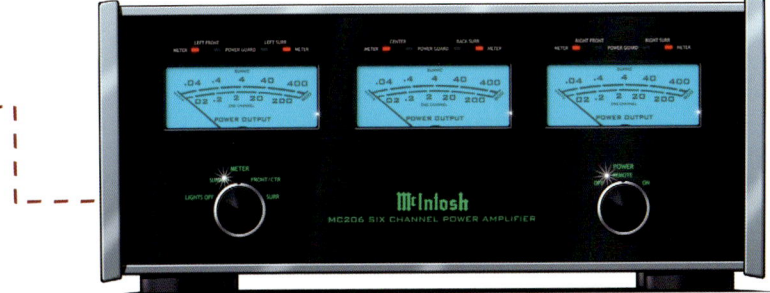

HUND

Der Hund ist der beste Freund des Mannes – nach Auto, Fernseher und dazugehöriger Fernbedienung natürlich. Und zwar der echte Hund!

Yorkshireterrier (auch: „Hurenhündchen"), West Highland (auch: „Westie") und Chihuahua (auch: „Tassenhund"), die sich bei dreißig Grad im Schatten totzufrieren scheinen, wenn man das Gehampel richtig deutet, sind bestenfalls als Handwärmer für Societygrößen geeignet, die eine französische Metropole als Vor- und eine erfolgreiche Hotelkette als Nachnamen haben.

Ein wahrer Männerhund sollte eine ordentliche Schulterhöhe haben, nicht allzu niedlich aussehen, er sollte apportieren und im Idealfall erwachsene Menschen vor dem Ertrinken/Erfrieren retten können.

Würdige Vertreter sind Doggen, Neufundländer, Mastiffs, jedwede Art Jagdhund und, sofern Herrchen alle Tassen im Schrank hat, durchaus auch Pit Bulls. Einzige Spielerei im Umgang mit Hunden darf die Namensgebung sein. Ein vernarbter Stafford mit dem Namen „Purzelchen" dürfte ebenso Eindruck schinden wie eine gigantische dänische Dogge, die „Jürgen", „Udo", „Katja" oder „Sabine" gerufen wird, ein deutscher Schäferhund muss nicht auch noch einen fast schon logischen Namen wie „Hasso" haben – und absolut verboten für eh schon gefährlich anmutende Vierbeiner sind „Brutus", „Killer" oder „Mike Tyson"!

Grundsätzlich gibt es eigentlich nicht sehr viel mehr zu beachten als: Hund fängt da an, wo er beim Kacken NICHT zittert!

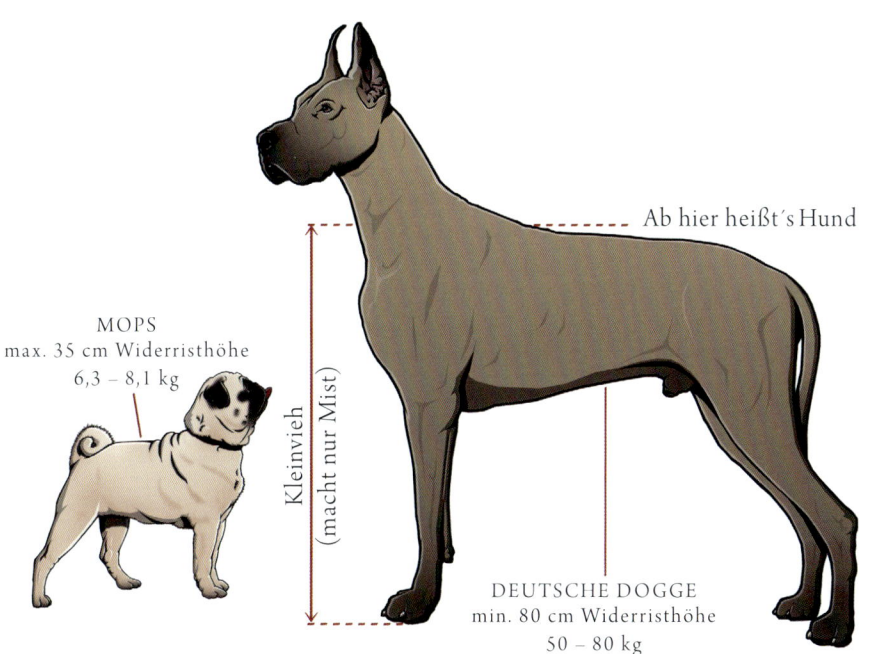

Ab hier heißt's Hund

MOPS
max. 35 cm Widerristhöhe
6,3 – 8,1 kg

Kleinvieh
(macht nur Mist)

DEUTSCHE DOGGE
min. 80 cm Widerristhöhe
50 – 80 kg

HUT

Stetson/Cowboyhut
(1865, Amerika)

Akubra
(1912, Australien)

Zylinder/Chapeau Claque
(1797, England)

Borsalino
(1857, Italien)

Bowler/Melone
(1860, England)

Panama/Jipi Japa
(1630, Ecuador)

Boater/Kreissäge
(spätes 19. Jahrhundert, Amerika)

Baskenmütze/Txapela
(1923, Baskenland)

Fes/Fez/Tarbusch
(um 930, Marokko)

Prinz-Heinrich-Mütze/Helgoländer
(1929, Deutschland)

Anglerhut/Bucket Hat
(1900, USA)

Trilby
(1894, Amerika)

HUT

Vorbei sind sie, die guten alten Zeiten, als es noch unanständig war, keinen Hut zu tragen, als einem etwas über die Hutschnur ging, wenn Dinge das Maß des Erlaubten überschritten, als völliges Desinteresse durch Nichts-damit-am-Hut-haben verdeutlicht wurde oder als man seine Hochachtung dadurch zeigte, dass man den Hut zog.

Letzter würdiger und fast schon moderner Vertreter des ständigen Huttra-gens ist der ehemalige Formel-1-Weltmeister Niki Lauda, der zwar keinen klassischen Borsalino oder Panama trägt, sondern die neuzeitliche Varian-te Basballkappe (oder, mit den Worten des Ex-Rennfahrers, das „Kapperl") – und diese regelmäßig nach besonders schönen Leistungen aktueller F1-Piloten lupft.

Was speziell in seinem Fall eine doppelte Hochachtungsbekundung ist, denn der geschätzte Herr Lauda trägt seine Kopfbedeckung nicht aus An-standsgründen, sondern um sein unfallbedingt lädiertes Haupt vor Sonne und mehr noch vor Blicken sensationslustiger Deppen zu schützen.

Heutzutage werden Hüte auch gern getragen, um volles Haar vorzugau-keln, da die Natur meist ganz oben auf dem Haupt anfängt, den Bewuchs zu reduzieren – genau dort also, wo der Hut sitzt. Gäbe es so etwas wie eine Hinterkopf- oder Nackenglatze, würde man wahrscheinlich bei Erwachse-nen noch weniger der sowieso schon seltenen Hüte oder Mützen sehen.

Seltsamerweise hält die Jugend der guten alten Huttragetradition in vor-bildlicher Weise die Stange, indem sie Basecaps in allen Varianten und Po-sitionen auf dem Kopf platziert.

Dabei ist lustigerweise zu beobachten, dass besonders klein geratene Teens und Twens die Kappe so weit oben auf dem Schädel tragen, dass sie zwar äußerst lächerlich ausschauen, durch diese Trageweise aber bestimmt acht bis neun Zentimeter Größenzuwachs ergaunern bzw. vorgaukeln.

Und so, wie früher die Art des Hutes zeigte, welcher Gesellschaft man an-gehörte, so machen das heute die Hersteller der Baseballcaps durch das Anbringen ihrer Firmenlogos in beeindruckender Größe.

Bisweilen erleben aber auch klassische Hüte ein weltweites Revival, wenn Rock- und Popstars wie Robbie Williams oder Justin Timberlake ihre Kon-zerte wohlbehütet mit einem Trilby bestreiten und somit zumindest kurz-fristig wahre Trend-Tsunamis auslösen.

Hut ab auch davor!

Baseballkappe
(1849, Amerika)

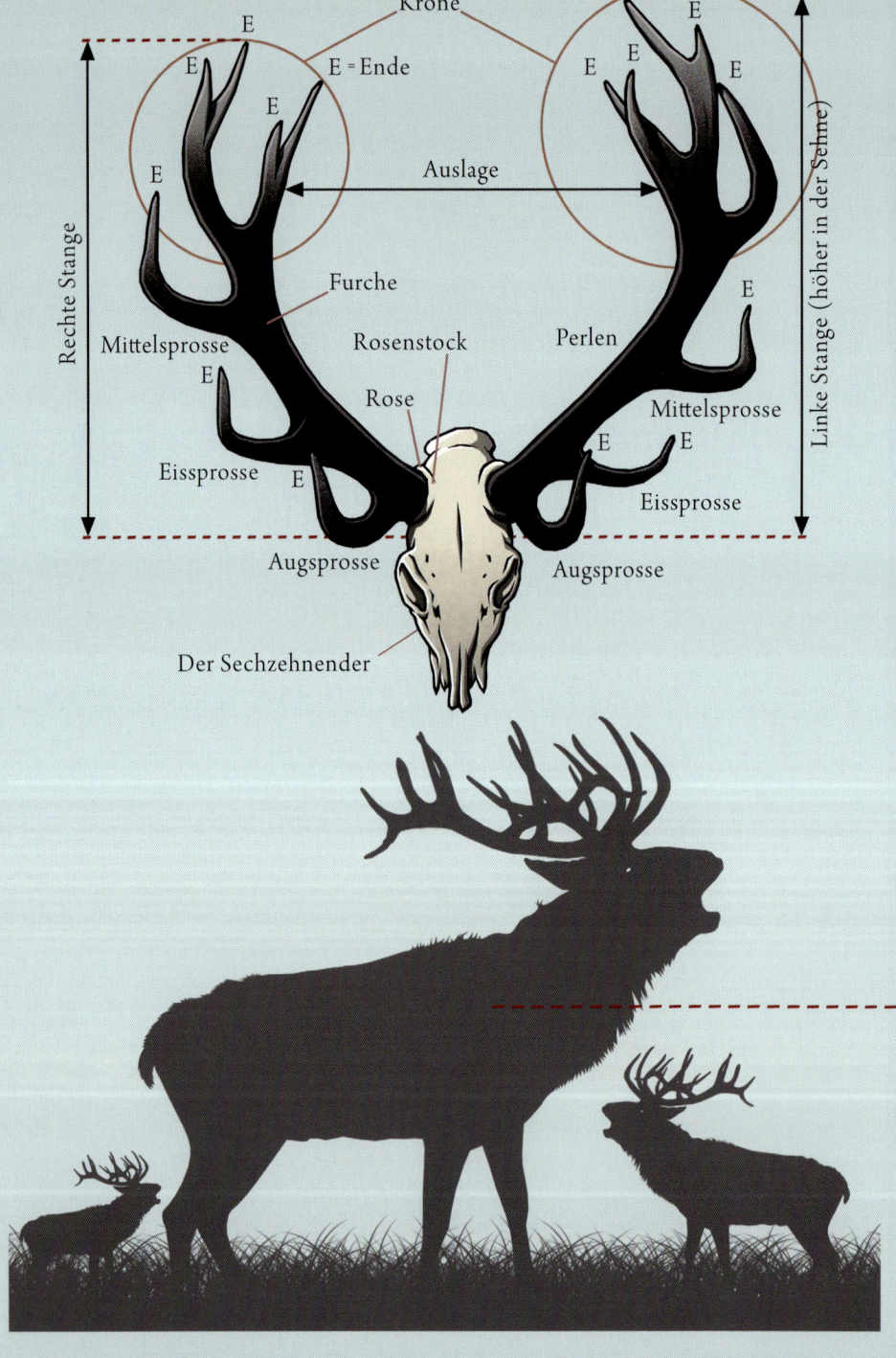

Krone

E

E

E = Ende

E

E

Auslage

Rechte Stange

Linke Stange (höher in der Sehne)

Furche

Mittelsprosse

Rosenstock

Perlen

Rose

Eissprosse

Mittelsprosse

Augsprosse

Eissprosse

Augsprosse

Der Sechzehnender

JAGD

Feierabend

Der Waidmann schaut die Waidfrau an,
und denkt bei sich: O Mannonmann!
Die glotzt schon wieder doof, die Zicke,
bevor's was setzt, schieß ich 'ne Ricke …
Gedacht, getan, wohlan zur Pirsch
auf die Gemahlin vom Herrn Hirsch.
Er sucht mal hier und auch mal da,
doch Rotwild ist heut keines da.
Auch Sau und Rammler bleiben aus.
Oje, was bring ich bloß nach Haus?
Der Alten mach ich's eh nie recht,
auch wenn ich Wildbret ihr heut brächt'!
Da hilft nur eins – schnell Tofu kaufen
und mit dem Zeug gen Wohnhaus laufen,
dort feierlich dem Weib verkünden:
„Schluss ist's mit all den Meuchelsünden,
der Morde sind genug getan.
Ab heute leben wir vegan!"

HOLLAND & HOLLAND
The `Royal´ Over-and-Under
Shotgun

KOCHEN

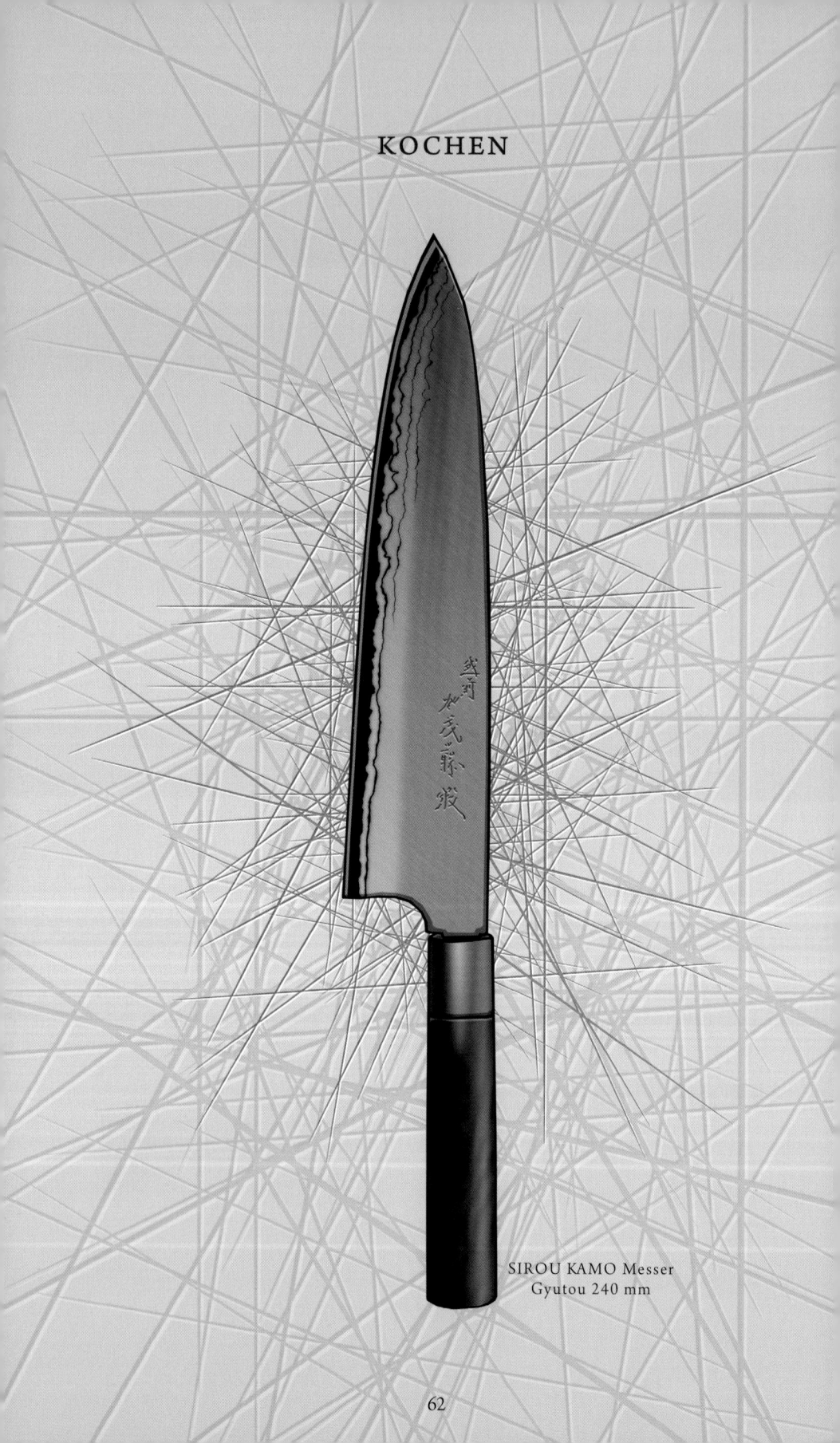

SIROU KAMO Messer
Gyutou 240 mm

KOCHEN

Auch wenn die meisten Spitzenköche Männer sind und viele Kerle sich für solche halten – ein „essen-&-trinken"- Abo, die Gesamtausgabe von „Jamie Oliver" und der Besuch überteuerter Kochkurse machen eben nicht aus jedem Gockel einen Meisterkoch à la Paul Bocuse.

So kommt es leider durch vermehrtes Ausstrahlen von Kochshows im TV immer häufiger dazu, dass überambitionierte Hobbybrutzler meinen, das Gelbe vom Wachtelei zu kredenzen, wenn sie in zugegeben schicken Designerküchen mit passender Designerschürze zu Fleischgerichten AN Kartoffelzubereitungen IN Soßennestern einladen, wenn es Rouladen MIT Kartoffeln UND brauner Soße gibt, die sowieso nur Mama kochen kann.

Der Traum vieler, die nahezu täglich michelinsterngekürte Speisen zu sich nehmen, ist, nahrungstechnisch die Schulzeit wiederzubeleben:

Man verlässt morgens das Haus, kommt mittags heim – und es gibt ausschließlich Essen, das man mag: Bratwurst mit hausgemachtem Kartoffelpürree und Sauerkraut, Makkaroniauflauf mit handgeschnittenem Schinken oder herrliche frische Eintöpfe.

Und da wir das gute Kochen doch lieber den Profis oder unseren Müttern überlassen wollen, gibt es hier ein auch für Kochmuffel leicht nachzukochendes Rezept gratis:

SALAMICROÛTONS AN DREIERLEI VON HÜLSENFRÜCHTEN IM SCHALOTTENBETT

Zutaten für 6 Personen:
1 Dose (800 g) Feuriger Texastopf
1 Dose (800 g) Linseneintopf
1 Dose (800 g) Bohneneintopf
3 Zwiebeln
500 g Edelsalami
Pfeffer

Zubereitung:
1. Zwiebeln und Salami würfeln.
2. Zwiebeln und Salami in einem großen Topf anbraten, bis beides braun / dunkelbraun/fast verbrannt ist, und kräftig pfeffern.
3. Texastopf, Linseneintopf und Bohneneintopf zugeben und alles gut verrühren.
4. Kurz aufkochen, dann stundenlang auf kleiner Flamme köcheln lassen. Mit Pfeffer abschmecken.
5. Einmal schlafen, am nächsten Tag erwärmen und verzehren.

LE CREUSET
Stielkasserolle

LEGO

LEGO

Manchmal ist ein schmerzender Blinddarm Auslöser für eine lebenslange Begeisterung. Natürlich nur, wenn einem vom werten Herrn Papa der Krankenhausaufenthalt durch einen Legobausatz versüßt wird, in meinem Fall mit dem „großen" Bausatz 377, Sattelschlepper mit Kran, von 1971. „Lego" – ein Wort, das nach Weihnachten oder Geburtstag klingt.

Also durchweg positiven Beiklang hat. Und so muss man sich nicht wundern, dass gestandene Kerle vor Freude in die Hände patschen und kehliges Freudengebrabbel von sich geben, schenkt man ihnen ein Kästchen, das schon in Geschenkpapier gewickelt beim obligatorischen Schütteln Vorfreude in höchstem Maße auslöst.

Will man einem Mann eine ganz besondere Freude machen, so gibt man das Wort „Lego" gepaart mit dem Geburtsjahr des zu Erfreuenden bei eBay ein und ersteigert für das Geburtstagskind einen Bausatz, einen Bausatz MIT Bauanleitung oder gar einen Bausatz MIT Bauanleitung UND Originalverpackung, denn es gibt Gott sei Dank genug liebenswerte Irre, die dreißig bis vierzig Jahre altes Spielzeug noch im Urzustand bunkern oder professionell erschnüffeln und dann weltweit feilbieten.

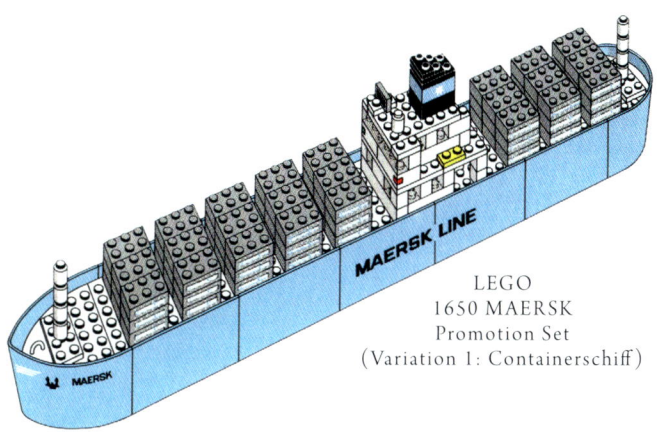

LEGO
1650 MAERSK
Promotion Set
(Variation 1: Containerschiff)

313 London Bus/London Bus (1966), 315 Veteranbil/Oldtimer (1965), 316 Traktor/Traktor (1966), 317 Lastbil/Lastwagen (1964), 319 Lastbil med Anhænger/Lastwagen mit Anhänger (1965), 330 Jeep/Jeep (1968), 331 Lastbil med vippela/Kipplaster (1967), 332 Kranbil/Abschlepper (1967), 333 Transportbil/Lieferwagen (1967), 334 Forvogn til anhaenger/Tieflader (1967), 335 Stor transportbil/Transporter (1967), 336 Brandbil med stige/ Feuerwehrwagen mit Leiter (1968), 337 Lastbil med kran på larvefødder/Sattelschlepper mit Kran (1969), 338 Ambulance/Krankenwagen (1970), 371 Tipvog/Kipplaster (1971), 372 Kranbil/Abschlepper (1971), 373 Ambulance/Krankenwagen (1971), 374 Brandbil/Feuerwehrwagen (1971), 375 Koelevogn med Anhænger/Kühlwagen mit Anhänger (1971), 376 Traekker med gravemaskine/ Zugmaschine mit Raupe (1971), 377 Lastbil med kran på larvefødder/Sattelschlepper mit Kran (1971), 378 Traktor/Traktor (1972), 379 Personbil med campingvogn/Auto mit Wohnwagen (1972), 381 Lastvogn med gaffelstabler/Lieferwagen mit Gabelstapler (1973), 382 Kranvogn med personbil/Abschleppwagen mit Pkw (1973), 383 Traekker med skovlgravemaskine/Sattelschlepper mit Schaufelbagger (1973), 384 London Bus /London Bus (1974)

LEGO

329

390

391

395

393

394

358

367

320

371/2

328

315/2
CONTAINER TRANSPORT

312/1

311

314
POLICE

316
FIRE FIGHTER

Legoland

312/2
Legoland

310
Legoland

396

LEGO

Die mit Abstand hübschesten Vertreter alter Legosystem-Sets sind diejenigen mit einer Drei als Anfangsziffer in der werkseigenen Bezeichnung.

Da finden sich Automobile, Lkw, Flugzeuge, Eisenbahnen oder Schiffe und für gestandene Architekten entzückende kleine Häuschen oder auch Fabriken. Der ganz besondere Reiz dieser antiken Bausätze besteht unter anderem darin, dass sie noch der alten Lego-Tradition folgen, die Dinge reduziert darzustellen. Und die meist sehr hübschen Kartons riechen mittlerweile herrlich nostalgisch nach altem Fotoalbum!

Aber auch heutige Modelle haben ihren Charme, kann man sich doch nahezu den gesamten Kulissenpark von Star Wars, Harry Potter und Indiana Jones zusammenkaufen und dann bauen; mit einer von Lego entwickelten und angebotenen Software außerdem sogar nachfilmen, es lohnt sich, entsprechende Onlineforen aufzusuchen und sich die putzigen Stopmotionfilme anzuschauen.

Es ist und bleibt beeindruckend, dass man mit vier bis fünf Steinen Tiere, Flugzeuge, Häuser oder was auch immer bauen und darstellen kann – Phantasie beim Bauherren und auch beim Betrachter vorausgesetzt.

Wer die Steine zum Bauen nicht unbedingt anfassen muss, dem ist mit dem Lego Digital Designer (unter www.lego.com) ein zeitgemäßes Tool wärmstens zu empfehlen, mit dem man natürlich auch herrlich uralte Bausätze virtuell nachbauen und sich dann als Bausatz mit einmaliger Verpackung bestellen kann. Das ist besonders reizvoll für Modelle, die es selbst bei eBay nicht mehr zu ersteigern gibt, da diese wirklich sehr, sehr selten sind. Wie z. B. der unten abgebildete Maersk-Promotionsbausatz, der 1974 an eine erlesene Schar guter Kunden der dänischen Reederei verschickt wurde – und von denen sich einer im Besitz des Autors befindet.

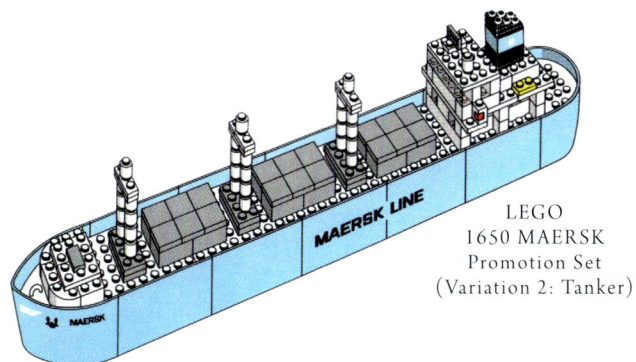

LEGO
1650 MAERSK
Promotion Set
(Variation 2: Tanker)

310 Slæbebåd/Schlepperboot (1973), 311 Faerge/Fähre (1973), 312/1 Skib/Schiff (1960), 312/2 Tankskib/Tankerschiff (1973), 314 Politiskib/Polizeiboot (1976), 315 Containerskib/Containerschiff (1976), 316 Brandskib/Feuerwehrschiff (1978), 320 Veteran-fly/Zweimotoriges Flugzeug (1965), 328 Veteranfly/Doppeldecker (1967), 329 Veteranbil /Oldtimer (1967), 358 Raket/Rakete (1973), 367 Måne-modul /Mondlandefähre (1975), 371 Vandfly/Wasserflugzeug (1976), 390 1913 Cadillac veteranbil /Cadillac Oldtimer (1975), 391 1926 Renault veteranbil/Renault Oldtimer (1975), 393 Norton motorcykel/Norton Motorrad (1976), 394 Harley Davidson 1000cc/Harley Davidson Motorrad (1976), 395 Rolls Royce veteranbil/Rolls Royce Oldtimer (1976), 396 Thatcher Perkins locomotiv/Thatcher Perkins Lokomotive (1976)

MASSKLEIDUNG
Der Anzug – und worauf man achten könnte

Kissing Buttons
(knöpfbar)

Farbiger
Kragenfilz

Schneiderkante

Billetttasche

100 %
Schurwolle

Farbiges
Innenfutter

Einknopf-
Einreiher

Zweiknopf-
Einreiher

Dreiknopf-
Einreiher

2 seitliche
Rückenschlitze

MASSKLEIDUNG

Wenn Models in ihrer Freizeit gern in Jeans und T-Shirt herumlümmeln, so ist das deren Sache.

Uns Männern allerdings ist schwer zu empfehlen, einmal im Leben den Gang zum Maßschneider oder wenigstens zum Maßkonfektionär zu gehen, denn nichts ist so bequem und kleidsam für Männer jedweder Statur wie ein gut sitzender Einreiher.

Fehler kann man eigentlich nur mit schlechtem Sitz und unmöglicher Stoffauswahl begehen, die schlimmstenfalls dazu führt, dass man auf offener Straße von Passanten gefragt wird, bis wo genau nochmal die Linie 112 fährt und ob das Seniorenticket um die Uhrzeit noch gilt.

Wer das Glück hat, perfekt in Konfektionsgrößen zu passen, dem sei der Rat ans Herz gelegt, vorm Kauf die Fingerchen über den Stoff gleiten zu lassen, sicherheitshalber die Gegenprobe auf Nichtpolyestergehalt durch ein kurzes Etikettstudium zu machen und sich alberne Schnitte und Applikationen zu verkneifen. Wenn man dann noch geckige Krawatten meidet wie der Teufel das Weihwasser, dann hat man alles richtig gemacht und wird einen Anzug tragen, weil man darf – und nicht, weil man muss.

Und in diesem auch gern in der Freizeit herumlümmeln.

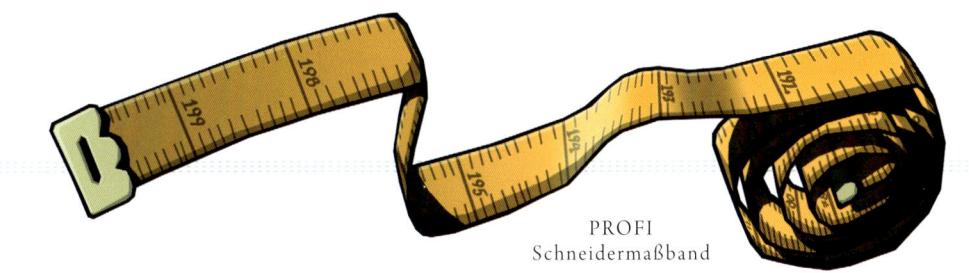

PROFI
Schneidermaßband

Die Empfehlungen für den ersten Maßanzug:

1. Klassischer Schnitt, also am besten ein dezenter Einreiher (Einknopf, Zweiknopf, Dreiknopf), mit einem oder zwei Rückenschlitzen, fallendem Revers und einer Billetttasche.

2. Dezente Farbe, also Dunkelblau, Dunkelgrau oder Schwarz.

3. Stoffqualität: 100 % Schurwolle.

4. Durchgeknöpfte Ärmel, wobei bitte NIE NIE NIE der unterste Knopf geöffnet sein sollte. Es reicht, wenn man selber weiß, dass man Maßkleidung trägt – man muss es nicht in die Welt hinausschreien.

5. Farblich dem Stoff entgegengesetztes Futter. Je dezenter die Farbe des Anzugs, desto mehr darf man für das Innenleben in den Farbtopf greifen.

6. Kragenfilz in der Farbe des Innenfutters. Sieht man nie, fühlt sich aber großartig an, und nur man selber weiß, dass lediglich zwei Hauptfarben für den Anzug verarbeitet wurden.

MASSKLEIDUNG

GOOD YEAR WELTED FULL BROGUE
Budapester (Karlsbader) Muster

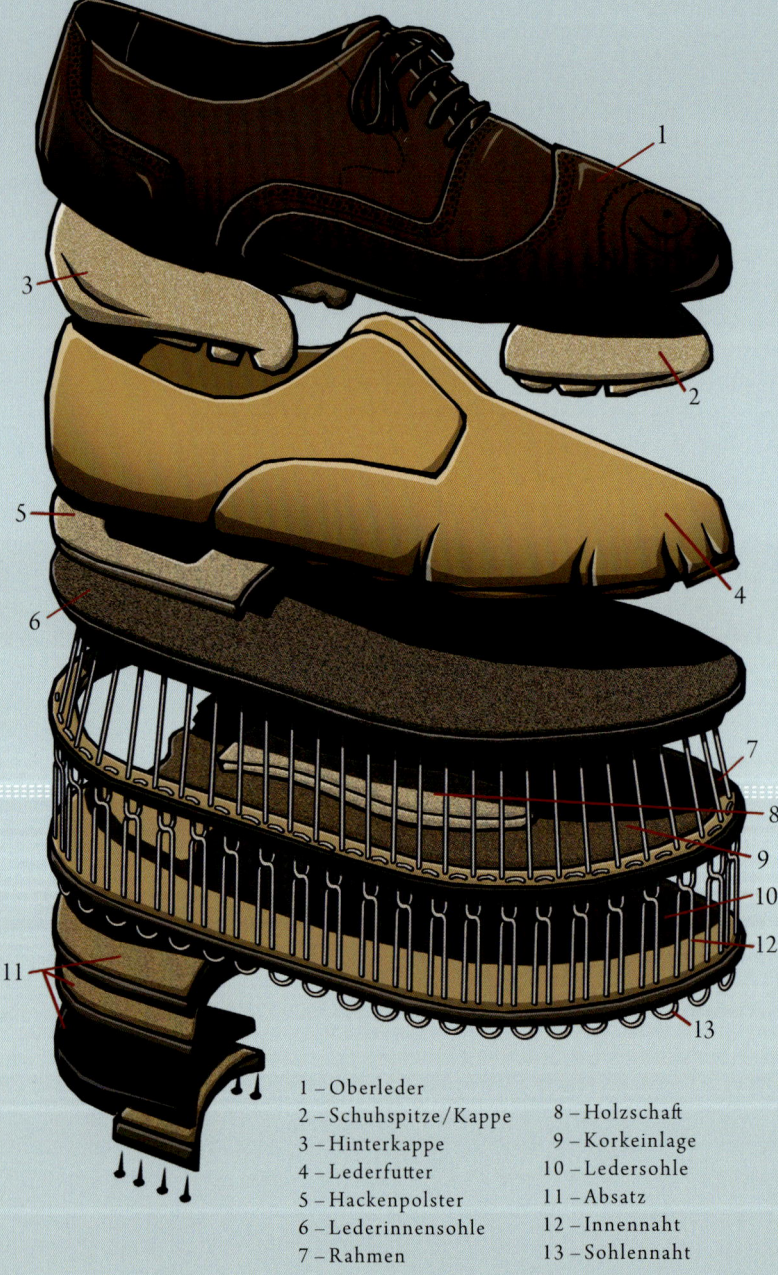

1 – Oberleder

2 – Schuhspitze / Kappe

3 – Hinterkappe

4 – Lederfutter

5 – Hackenpolster

6 – Lederinnensohle

7 – Rahmen

8 – Holzschaft

9 – Korkeinlage

10 – Ledersohle

11 – Absatz

12 – Innennaht

13 – Sohlennaht

7. Knöpfe aus Büffelhorn in der Außenstofffarbe.

8. Beim Vermessen durch den Schneider NICHT den Bauch einziehen! Es ist Aufgabe des Schneiders, kleine Schwachpunkte durch den Schnitt auszugleichen, und der Anzug soll ja schließlich sitzen wie eine zweite Haut – und zwar wie eine, die nicht aus allen Nähten zu platzen droht.

9. Wird beim Vermessen eine unterschiedliche Armlänge festgestellt, sollte man sich sofort mindestens ein Maßhemd schneidern lassen, denn sonst ist der berühmte knappe Zentimeter Manschette, der unter dem Ärmel hervorschaut, meist einseitig verschwunden, was dem schönsten Maß-anzug etwas Schiefes, Unfertiges und eben nicht Maßgearbeitetes verleiht.

Letzte mögliche Fehlerquelle: die Schuhe und eventuelle Accessoires.

Für die Schuhe gilt: Je schlichter, desto besser. Leder oben wie unten, also auch für die Sohle, bestenfalls vom Pferd und ebenfalls maßgefertigt. Die Strümpfe sollten so lang sein, dass sie selbst leicht verrutscht niemals Wade zeigen. Der Gürtel sollte farblich so nah wie möglich an den Schuh an-gepasst sein, die Krawatte nicht zu bunt und BITTE NIEMALS mit Motiven berühmter, aber nicht immer begabter Comiczeichner bedruckt.

Schwerstverbrechen sind Krawatten mit Klaviatur, in Fischform oder aus Holz.

Die Träger solcher Scheußlichkeiten müssten, um die Allgemeinheit zu schonen, mit Haftstrafen in nicht geringer Höhe bestraft werden.

MOBILTELEFON

MOTOROLA
DynaTAC

MOBILTELEFON

Kam es am Anfang darauf an, überhaupt ein Mobiltelefon zu besitzen – der Kaufpreis von etwa viertausend Dollar für das erste Motorola war schon Statussymbol genug – so ist es heute wichtig, welches Gerät man bei sich führt.

Je neuer, desto besser.

Wobei der Begriff „neu" im Mobiltelefonmarkt eigentlich nichts zu suchen hat. Auf die Frage, welches Handy denn gerade das neueste sei, bekommt man beim Händler seines Vertrags und Vertrauens einen entsprechenden Apparat genannt und unterschreibt für weitere mindestens zwei Jahre. Auf die Frage, wann denn das flammneue Schätzchen veraltet sei, wird einem meist etwas wie „Na gerade eben, als Sie unterschrieben haben" entgegnet.

War es ursprünglich von Bedeutung, wie gut der Empfang war, wie lange der Akku hielt und wie robust es war, so gilt es heute, alles bis auf Milchaufschäumer und Überbackfunktion in einem Gerät zu versammeln, das möglichst nicht viel größer als ein Benzinfeuerzeug sein sollte – und wenn man nicht jeden Profifotografen in Sachen Megapixel übertrumpfen kann, dann schreckt man gern vor dem nur so genannten „Kauf" zurück.

Nicht außer Acht zu lassen ist auch der soziale Komplettabstieg bei Zuzahlung von nur einem oder gar null Euro für ein Modell, das schon zwei Monate oder länger auf dem Markt ist.

Besonders seltsame Früchte des Mobilfunkwahns sind:

„Handy-Tuner", die Geräte vergolden und/oder mit Brillanten übersäen und dafür hoch fünfstellige Beträge abrufen; Fernsehsender, die ehemals mit Musik ihren Broterwerb gestalteten und mittlerweile grausam zerhackte, oftmals eh unerträgliche Liedchen in sogenannten Sparabos an spendefreudige Jugendliche verhökern; oder Menschen, die fröhlich mit sich zu sprechen scheinen, bis man begreift, dass es sich um Bluetooth-Headset und nicht um Selbstverliebtheit handelt.

Richtig kann man es im Moment mit Mobiltelefonen nur auf zwei Arten machen:

Entweder man kauft sich alle drei Tage die frischeste Ausgabe eines Herstellers seiner Wahl, oder man kramt sein altes Motorola Dyna TAC 8000, Sony CM-CX 1000 oder Siemens S4 hervor und telefoniert größenbedingt beidhändig.

APPLE
iPhone 16 GB
mit RETROSTAR
Telefonhörer

MODELLEISENBAHN

MÄRKLIN RSM 800
1950 – 53

1:22,5   Spur IIm
Spurweite 45 mm

1:32   Spur I
Spurweite 45 mm

1:45   Spur 0
Spurweite 32 mm

1:60   Spur Z0
Spurweite 24 mm

1:64   Spur S
Spurweite 22,5 mm

1:76,2   Spur EM
Spurweite 18,2 mm

1:87   Spur H0
Spurweite 16,5 mm

1:120   Spur TT
Spurweite 12 mm

1:160   Spur N
Spurweite 9 mm

1:220   Spur Z
Spurweite 6,5 mm

MODELLEISENBAHN

Während für Normalsterbliche um zwanzig Uhr mit der Tagesschau das tägliche TV-Programm startet, welches danach mit atemberaubenden Spielfilmen, besonders witzigen Serien oder umwerfenden Naturdokus fortgesetzt wird, erkennt man den (Modell-)Eisenbahner daran, dass er erst/schon ab vier oder fünf Uhr zur Fernbedienung greift, denn zu dieser späten/frühen Stunde laufen auf öffentlich-rechtlichen Sendern die eigentlich zum Einschlafen und als Schäfchenzählersatz gedachten Bahnstreckenfilmchen.

„Den" Modelleisenbahner gibt es natürlich nicht, gar vielschichtig ist die Leidenschaft.

Da ist z.B. der Sammler von ausschließlich Lokomotiven, die niemals auf einem Gleis bewegt, dafür aber in mühevoller Kleinstarbeit bis ins letzte Detail verfeinert werden. „Pimp my Ride" in 1:87 sozusagen.

Da ist der Familienvater, der es vollends normal findet, dass der vierzehn und sechzehn Jahre alte Nachwuchs noch bei Mama und Papa im Bett schläft, da das Kinderzimmer längst einer H0-Nachbildung des Siebengebirges Platz gemacht hat.

Da ist aber auch der Railroadfreund, der sich zunächst die interessantesten Züge der Welt en miniature zulegt, um dann wirklich einmal mit dem Orient-Express, dem Glacier-Express, dem Darjeeling-Express oder der Transsib zu reisen.

Dieser stellt jedoch eine Ausnahme dar; der durchschnittliche Modelleisenbahner findet es ja gerade spannend, die Welt NICHT in Originalgröße kennenzulernen, sondern in HO, N oder Spur I, und muss für eine Reise durch ALLE Kontinente mittlerweile nur das kleine Handgepäck gepackt haben, denn seit 2000 gibt es in Deutschland die größte Modelleisenbahnanlage der Welt in der Hamburger Speicherstadt.

Dort ist man schwer beeindruckt von den Landschaften und dem regen Treiben auch jenseits der Bahnstrecken, wird aber gerade durch die Perfektion und die Dimensionen der Megaanlage noch mehr darin bestätigt, dass es eher niedlich, aber nicht sehr bestaunenswert ist, das Siebengebirge mit nur einer Gleise-Acht und zwei Weichen auf einer Ein-mal-zwei-Meter-Platte aufzukleben und ein und dieselbe Lokomotive alle vier Sekunden vorbeischleichen zu sehen.

MINIATURWUNDERLAND
in der Hamburger Speicherstadt

MOTORRAD

INDIAN
Uprising
2007

MOTORRAD

Get your motor runnin´
Head out on the highway
Lookin´ for adventure
And whatever comes our way
...
Born to be wild
Born to be wild

So sangen es 1969 die Jungs von Steppenwolf für den Film „Easy Rider"
von und mit Dennis Hopper als Harley fahrendem Hippie.
Sowohl der Song als auch der Film sorgten dafür, dass Motorradfahren ein
Synonym für Freiheit wurde, an dem auch die Helmpflicht nichts änderte.
Man setzt sich auf das Motorrad, bestenfalls eine alte Indian oder Harley
Davidson, und pöttert in die große, weite Welt, die manchmal eben auch
der kleine Baggersee in der Nähe sein kann.
Hauptsache, der Wind bläst einem ordentlich um die Nase.
Wenn zu dem Wind zu viel Regen kommt, dann hilft das gut geheizte
Wohnzimmer mit folgenden Filmen:

DER WILDE USA 1953, 76 min.
R: László Benedek, D: Marlon Brando, Robert Keith, Lee Marvin

EASY RIDER USA 1969, 95 min.
R: Dennis Hopper, D: Dennis Hopper, Peter Fonda, Jack Nicholson

TERMINATOR USA 1984, 102 min.
R: James Cameron, D: Arnold Schwarzenegger, Linda Hamilton

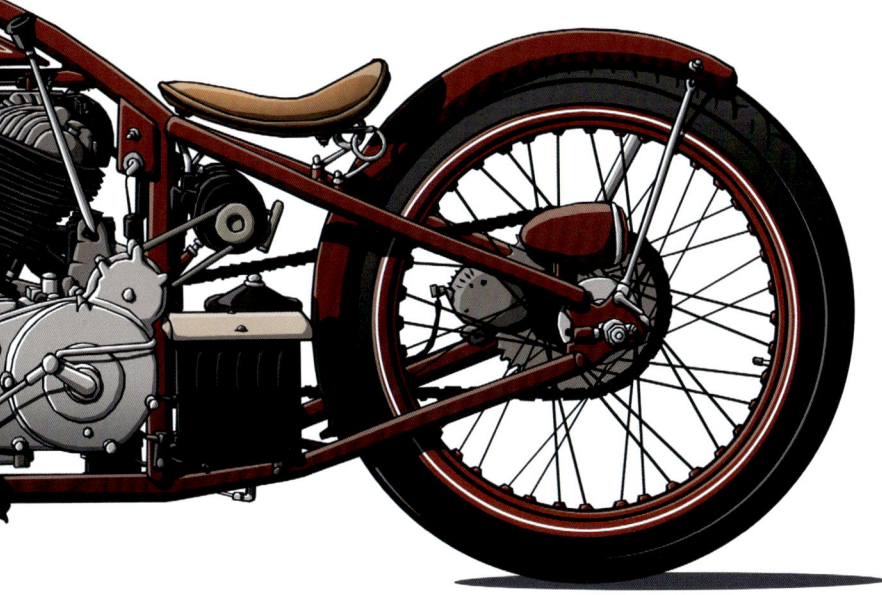

MOTORYACHT

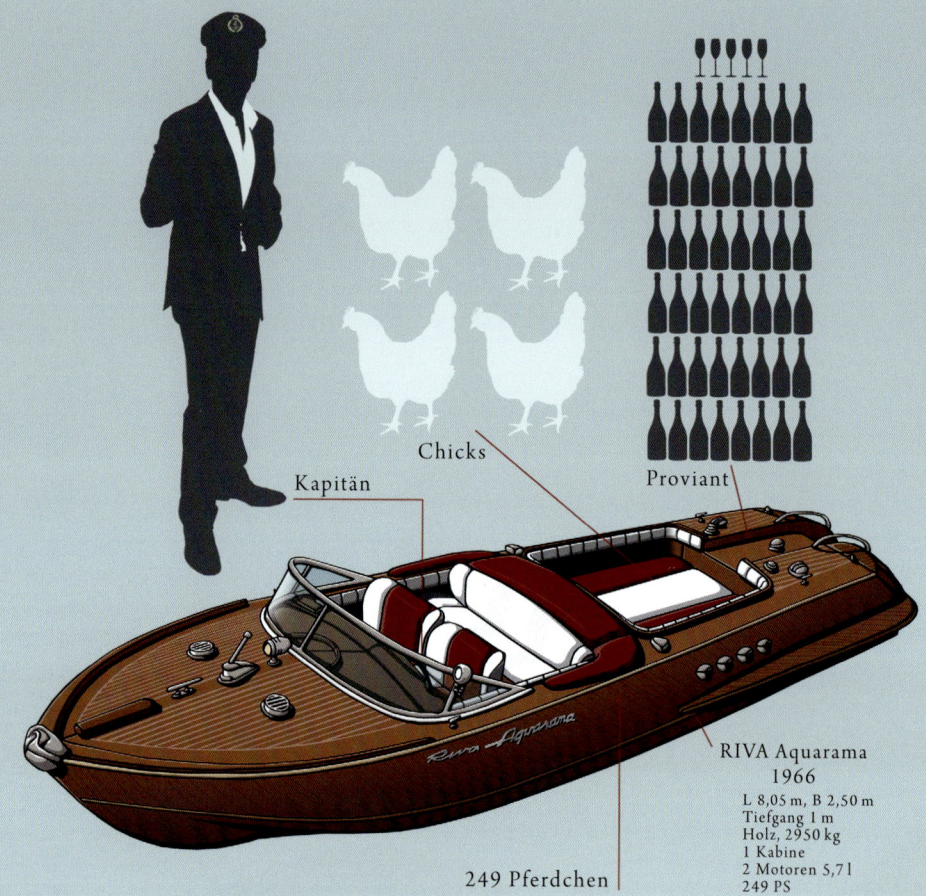

Kapitän

Chicks

Proviant

RIVA Aquarama
1966
L 8,05 m, B 2,50 m
Tiefgang 1 m
Holz, 2950 kg
1 Kabine
2 Motoren 5,7 l
249 PS

249 Pferdchen

MOTORYACHT

Wer sich den Ferrari unter den Motoryachten zulegen möchte, der kommt an einer Riva Aquarama nicht vorbei, auch wenn diese oft von kräftigen amerikanischen Hubraummonstern befeuert wird und somit wohl eher der Cadillac unter den Booten ist.

Der echte und für viele einzige James Bond, Sean Connery, bewegte privat wie beruflich die bis zu neunzig Stundenkilometer schnellen Geschosse, sein „Sohn" Harrison Ford, alias Indiana Jones, zerstörte auf seinem letzten Kreuzzug zwei der Schönheiten, und der offensichtlich als Dame verkleidete Jack Lemmon musste sich in „Manche mögen's heiß" auf einem Riva Aquarama der Avancen eines alten Playboys erwehren.

Diese und andere Filme sorgten dafür, dass Männern weltweit ein neues und sehr teures Spielzeug nahegebracht wurde, das viele leider nur von der Leinwand kennen.

Diejenigen, die den Luxus genießen, einmal mitgefahren oder gar stolzer Besitzer zu sein, schwärmen mit großen Kulleraugen davon, wie gut es an Bord riecht, wie edel und perfekt alles verarbeitet ist, wie atemberaubend die bis zu zweimal 350 PS aus den beiden Motoren klingen und wie unvergleichlich brachial die Boote aus dem Stand beschleunigen.

Dass sie wunderhübsch sind, steht auch für Menschen ohne jedes ästhetische Empfinden außer Frage. Sie erwecken – ähnlich wie alte Supersportwagen à la Porsche 904 oder Maserati Birdcage – fast nie Neid, da sie in einer eigenen Designliga spielen und, obschon voll einsatzfähig, eher wie Ausstellungsstücke in einem Museum gesehen werden.

Und zwar mit ähnlich hohen Kaufpreisen wie die Gemälde alter Meister.

Wer also keine halbe Million zur Verfügung hat, dem sei ans Herz gelegt, sich für ungefähr einen Tausender ein meist sehr hübsch handgefertigtes Modell zuzulegen.

Großartiger Nebeneffekt: Man kann es vierundzwanzig Stunden am Tag anschauen und spart immense Benzin-, Transport- und Reedekosten an und zu den Luxusyachthäfen dieser Welt.

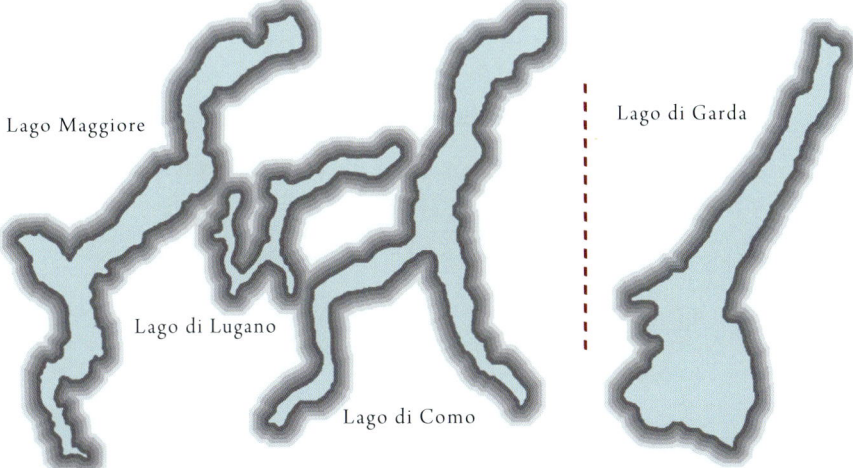

Lago Maggiore

Lago di Lugano

Lago di Como

Lago di Garda

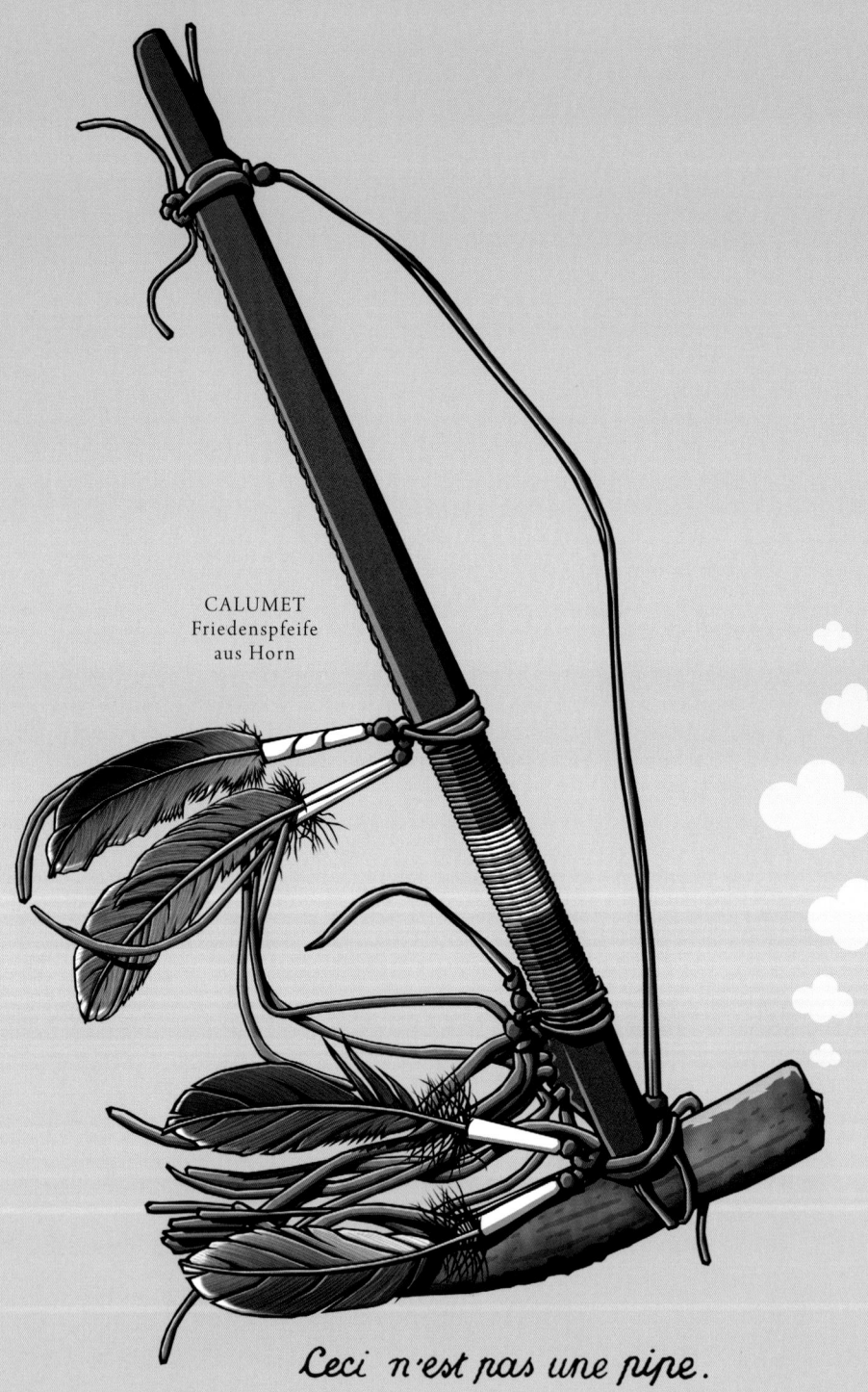

CALUMET
Friedenspfeife
aus Horn

Ceci n'est pas une pipe.

PFEIFE

Der „Saftsack" ist nicht nur ein Lösungswort, mit dem man bei Herrn Jauch hohe Geldbeträge gewinnen kann, sondern auch ein dem Rauchen einer Tabakspfeife zuzuordnender Begriff.

Der verhindert nämlich, dass sogenannter Schmergel in den Pfeifenkopf läuft und somit den Tabak nass und geradewegs ungenießbar macht, wobei ehrlicherweise gesagt werden muss, dass sowohl Saftsack als auch Schmergel eher im Duden für Schimpfwörter vermutet werden als in Nachschlagewerken zum Thema Rauchgenuss.

Die Pfeife ist wahrscheinlich weltweit das einzige Gerät, das Tabak in verbrannter Form absondert und dabei keine entsetzten Blicke von Hardcore-Nichtrauchern provoziert. Selbst die eingefleischtesten Nikotingegner können es sich nicht verkneifen, dem einen oder anderen Tabakwölkchen, das aus einer Pfeife in ihre Nasen schwebt, die Geruchsnote „lecker" zu verleihen.

Des Weiteren wird Pfeiferauchern (so sie denn das dreißigste Lebensjahr vollendet haben) etwas Gemütliches, Beruhigendes und Entspanntes zugeordnet – selten sind es die schmauchenden Mitbürger, die laut oder gar handgreiflich werden! Männer, die entweder zu jung sind oder so aussehen, sollten die Finger und den Mund allerdings besser von Pfeifen lassen, denn das sieht albern aus und verrät sowieso in Windeseile, dass mit diesem Utensil eine eigentlich noch nicht vorhandene Reife vorgetäuscht werden soll.

Pfeifen werden auch gern mit Bildung und Intelligenz gleichgesetzt, nicht eben wenige oft brillante Detektive der Literatur- und Filmgeschichte wie Kommissar Maigret, Nick Knatterton oder Sherlock Holmes wären ohne Pfeife undenkbar. Glaubt man den Worten und Bildern der Schriftsteller und Regisseure, dann führt die Pfeife, heiß gepafft oder kalt gekaut, sogar oft genug zur direkten Lösung eines kniffligen Falles.

Ob es jetzt so ist, dass mit einem Rauchgerät im Mund erhöhte Hirnleistungen zu erwarten sind, oder ob erhöhte Hirnleistung unweigerlich zu einer Vorliebe für Pfeifen führt, ist leider wissenschaftlich bisher nicht erfasst.

So betrachtet bekäme allerdings die Beschimpfung „Du Pfeife!" eine durchaus positve Note.

PIPE DAN
Copenhagen
Carlom 150 F
1167

PFERD

RENNPFERD
mit Jockey

PFERD

The Royal Ascot, Baden-Baden Iffezheim, Deauville Clairefontaine, Paris Longchamp, The Kentucky Derby oder St. Moritz White Turf – die Klassiker unter den Pferderennsportveranstaltungen vermitteln schon durch ihre Namen etwas sehr Mondänes, klingen nach großer, reicher Welt und gusseisernen Dresscodes für Damen und Herren. Wer sich nicht für Pferde und die auf/hinter ihnen durchgeführten Rennen interessiert, der sollte sich auf alle Fälle die Freude machen, mindestens eine dieser wunderschönen Rennstrecken zu besuchen, ein Minimum an Wetteinsatz erst in die Hose und dann auf den Wettschalter zu packen, um danach dem Rennverlauf mit ungeahnter Intensität zu folgen.

Aber Obacht! Schon so mancher der Spielleidenschaft eigentlich abgeneigte Herr wurde sofort infiziert und hat ganze Familienvermögen nur an einem Rennwochenende durchgebracht. Aber da hier niemand zur Spielsucht verleitet werden soll, beschränken wir uns besser darauf, ein paar interessante Pferde der Geschichte, der Literatur, des Sports und des Films aufzusagen: Ein wahres Wunderpferd der Antike muss Bucephalos mit seinem Besitzer Alexander dem Großen gewesen sein, in einigen Erzählungen ist es ein Einhorn, in anderen kann es sprechen, und in den meisten hat es sich hingelegt, um netterweise seinem Herrchen das Aufsteigen zu erleichtern. Das wohl berühmteste Pferd der Literatur dürfte Don Quixotes Rosinante aus dem Roman des Schriftstellers Miguel de Cervantes von 1605 sein. Don Quixote braucht sage und schreibe vier Tage, um dem armen Tier einen Namen zu geben und es danach auf Tausenden von Seiten in seine gesammelten Irrsinnigkeiten zu verwickeln.

Ein äußerst bemerkenswertes Pferd aus dem Rennsport ist Seabiscuit, ein Englisches Vollblut aus Lexington, Kentucky, das durch seine spektakulären Rennen und ein außergewöhnliches Comeback nach schwerer Verletzung für das Amerika der Weltwirtschaftskrise in den 1930ern zu einem Symbol der Hoffnung wurde.

Berühmte Paarungen aus der Filmwelt sind Fury und Joey Newton, Tornado und Zorro, Mr. Ed und Wilbur Post, Jolly Jumper und Lucky Luke, Trigger und Roy Rogers, Silver und der Lone Ranger, Topper und Hopalong Cassidy, der Kopf von Khartoum und der Pate, Iltschi und Winnetou, Hatatitla und Old Shatterhand.

Die vier Pferde, die das Gespann von Ben Hur vorwärtsbringen, heißen Altair, Rigel, Antares und Aldebaron.

Wer in Männerrunden ganz weit vorn sein will, der lässt locker die Pferdenamen der Cartwrights aus Bonanza fallen: Ben ritt auf Buck, Hoss saß auf Chub, Adam auf Sport und Little Joe nannte Cochise sein Eigen.

Die abschließende Information hat zwar gar nichts mit Pferden zu tun, führt aber zu maximaler Bewunderung in puncto Schwachsinnswissen: Der Koch der Ponderosa, Hop Sing, wurde von Victor Sen Yung gespielt!

BIN WANG
Diamond Back
Club Special
Playing Cards

POKER

Ein Pokerface ist ein Gesichtsausdruck, der bestenfalls gar keine Deutung zulässt, mindestens aber zur Verwirrung des Gegenübers genutzt wird, um sich auch sprichwörtlich nicht in die Karten schauen zu lassen.

Wer hoch pokert, der riskiert viel und hat auch losgelöst vom Spiel das Ziel, ein Vielfaches seines Einsatzes zu gewinnen, muss aber im Hinterstübchen haben, genauso gut alles verlieren zu können.

Oft wird bei diesen abenteuerlichen Manövern alles auf eine Karte gesetzt. Meist auf diejenige, die zu einem hervorragenden Blatt führen würde, ohne die dieses Blatt aber nahezu nichts wert wäre. Und auch diese Formulierung lässt sich ohne weiteres auf das Leben abseits von Pokertischen übertragen.

Wenn man gute Karten hat, kann man sehr schön einen Pokertisch leer räumen und mit gefüllten Taschen den Heimweg antreten, sofern man nicht mit gezinkten Karten gespielt hat bzw. das keinem der Mitspieler aufgefallen ist. Will man fair sein, dann behält man sein Ass im Ärmel!

Im wahren Leben können gute Karten auch mal zur Herzensdame, dem Traumjob oder einer Gehaltserhöhung führen.

Wie man also sieht, scheint Poker ein sehr lebensnahes Spiel zu sein, dass dementsprechend Freude oder auch totale Zerstörung bietet.

Freude wäre z. B. ein Straight Flush (Straße in einer Farbe), große Freude ein Royal Flush (Straße in einer Farbe auf Ass endend).

Hat man in der Hoffnung auf den Pot (sämtliches Geld auf dem Spieltisch) sein Erspartes, diverse Hypotheken, Kraftfahrzeugbriefe und schlimmstenfalls horrend hohe Schuldscheine in den Topf geworfen, um dann schließlich geschlagen zu werden, so führt das gern zu Tragödien, die zwar eigentlich nur ein verlorenes Spiel darstellen, die aber sofort das eigene Leben und das der angehängten Familien immens beeinflussen.

Und ob der Satz „Pech im Spiel, Glück in der Liebe" noch Bedeutung hat, wenn das „Pech" den Schuldenabbau bis zum Sankt Nimmerleinstag, einen Auszug aus den eigenen vier Wänden und die Benutzung öffentlicher Verkehrsmittel nach sich zieht, ist zu bezweifeln.

ROYAL FLUSH
Straße in einer Farbe,
höchste Karte Ass

RASENMÄHER

SHANKS
Ball Bearing Scot

RASENMÄHER

Der nahezu einzige Grund, sich als Mann freiwillig auf Gartenarbeit einzulassen, sich z. B. ein Haus mit Grünfläche zuzulegen, ist die dadurch erworbene Legitimation, einen Aufsitz-Rasenmäher MIT dem Segen der Göttergattin zu kaufen.

Ein regelmäßig vorwurfsvoll genörgeltes „Der Rasen müsste auch mal wieder gemäht werden!" würde binnen kürzester Zeit durch ein verzweifeltes „Einmal die Woche sollte doch nun wirklich reichen!" ersetzt.

Schwierig wird es, die Notwendigkeit eines Traktors bei einer Rasenfläche von weniger als zwei Quadratmetern glaubhaft zu machen. Hilfreich ist es dann, zu erwähnen, dass die Vorhänge doch gut und gerne noch zweiunddreißig Jahre halten würden, das Sofa zwar nicht mehr en vogue, aber immer noch bequem sei. Wenn alle Verhandlungsstricke reißen, muss der Mann, um an sein Mäherziel zu gelangen, schwerere Geschütze auffahren, wie z. B. die durchaus interessiert wirkende Frage, ob denn die Füße gewachsen seien oder was genau jetzt der Grund für schon wieder neue Schuhe sei. Oder ob der Nerz aus dem Vorjahr über den Sommer seine wärmenden Qualitäten verloren habe.

Falls beim Gegenüber auch danach die Diskussionsbereitschaft betreffs Rasenmähertraktor bei genau null bleibt, dann hilft nur eines:

Erst mal das gute Teil kaufen, eine mehr als angemessene Zeit den säuerlichen Blick ertragen, während das Grün gestutzt wird, und hoffen, dass die bessere Häfte sich schon irgendwann beruhigen wird. Oder ihr in einem Abwasch neue Vorhänge, ein neues Sofa, neue Schuhe und Winterkleidung mitbringen.

Einzige akustische Alternative zu den treckernden Mähern auf vier Rädern sollte der gute alte, auf Golfplätzen immer noch bewährte Handmäher sein. Er ist zeitlos schön, rattert auf heimelige Art vor sich hin – und mäht tatsächlich hervorragend.

Angenehme Begleiterscheinung ist das zumindest im Sommer regelmäßige Workout für Arme und Beine.

Mit Handmähern wird übrigens auch nervenden deutschen Barden mit zweitem Wohnsitz auf Sylt jedwede Möglichkeit genommen, sich über Lärmbelästigung per einstweiliger Verfügung durch einen Staranwalt zu beschweren, denn nicht nur über den Wolken, sondern auch mit einem Handmäher muss die Freiheit wohl grenzenlos sein ...

MASSEY JEPPESON
Lawn Mower/Aufsitz-Rasenmäher
1966

WACKER
Solingen
Damast

RASUR

Das Wort Rasur entstammt dem lateinischen „rasura" und steht für das Schaben oder Kratzen (der Barthaare). Schon der gute alte Ovid hat im Jahre 1 v. Chr. in seiner „Ars Amatoria" dem Mann den einen oder anderen verblüffend aktuellen Pflegetipp gegeben: „... das Haar und der Bart mögen von einer geübten Hand geschnitten werden. Und nicht sollen die Fingernägel hervorragen und ebenso sollen sie ohne Schmutz sein, und aus deinen gehöhlten Nasenlöchern soll kein einzelnes Haar herausragen."

Wobei anständigerweise gesagt werden muss, dass auch schon in der Steinzeit der Mann von Welt sich den Bart mit geschärften Muscheln und Steinen stutzte, was dortmaligen Künstlern zum Motiv für Höhlendekorationen gereichte. Was der Urmensch gegen Rasurbrand und für guten Duft tat, das möchte man im Grunde lieber gar nicht wissen.

Der moderne, trotz vielfältig angebotener Trockenrasierer sich klassisch orientierende Mann wird zur Entfernung der Gesichtsbehaarung stets zur Rasierschüssel mit dazugehöriger Rasierseife, einem vom Dachs gestifteten Echthaarpinsel und der Rasierklinge greifen.

Der Rasierschaum aus der Dose ist, nüchtern betrachtet, genau so gut geeignet, hat aber in den Augen der Experten eine etwas porösere Schaumigkeit. Und eines darf nicht unterschätzt werden: Sich eine (laut Beipackzettel) walnussgroße Dosendosis auf die Hand zu portionieren und dann mit den Fingern im Gesicht zu verteilen macht nicht ansatzweise so viel Spaß wie die Prozedur mit den o. a. Einzelteilen:

Rasierseife in den Tiegel füllen, den Rasierpinsel in warmes Wasser tauchen, dann die Rasierseife cremig schlagen, sie mit dem Pinsel ums Kinn verteilen und schließlich die eingeweichten Barthaare mit einer Klinge gründlich entfernen.

Man fühlt sich nicht nur verwöhnt, man sieht auch so aus!

MÜHLE
Rasierpinsel
Silberspitz
Dachzupf

Wenn in den guten (oder schlechten) alten Zeiten Menschen ohne Zähne und mit deswegen eingefallenen Wangen zum Barbier stiefelten, dann verfrachtete dieser Besteck in den Mund der Kunden, um die fehlende Rundung zu ersetzen, und barbierte sie – genau: über den berühmten Löffel.

SEGELN

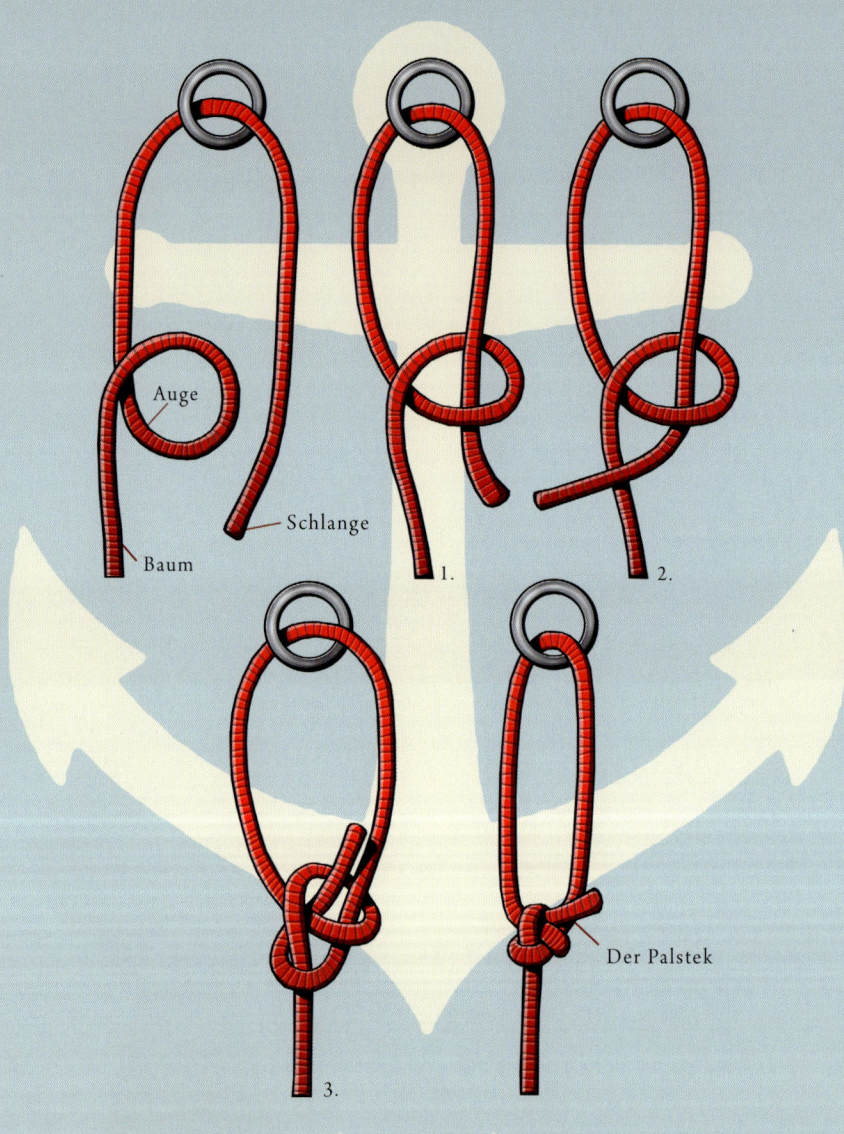

Auge

Schlange

Baum

1.

2.

Der Palstek

3.

1. Die Schlange taucht aus ihrem See auf (beliebig großes Auge), 2. wickelt sich einmal um den Baum (langes Ende) und 3. taucht wieder in den See ein.

SEGELN

Segeln ist ein Männersport. Ob es daran liegt, dass sich wahrscheinlich neunundneunzig Prozent der Frauen weigern, die Eselsbrücke zum wohl wichtigsten Knoten, dem Palstek, auswendig zu lernen, weil da eine Schlange durch Astlöcher guckt, ist nicht bekannt.

Aber wir können froh sein, dass Amerika von Amerigo Vespucci entdeckt und nach ihm benannt wurde und nicht schlimmstenfalls heute Jacquelinien hieße und trotzdem Weltmacht Nummer eins wäre.

Auch der Admiral's Cup, eine der zwei geschichtsträchtigsten Segelregatten der Welt, heißt Gott sei Dank nicht, einem damals üblichen Frauenberuf entsprechend, „Nanny's Cup". Der andere, wie schon erwähnt, ist der America's Cup und nicht der „Cup Cindy" oder „Cup Mandy".

Und was für ein Segelboot braucht der Mann?

Ein großes, sagen die einen. Und „groß" fängt bei etwa zweieinhalb Autolängen an und hört bei Gorch Fock, Alexander von Humboldt oder Krusenstern auf, in bezug auf die obenerwähnten Regatten bei Alinghi, Oracle oder Shamrock III.

Ein kleines, sagen die anderen. Denn das kann man einhand, also mutterseelenallein segeln, wenn man mutig genug ist, auch über ganze Ozeane

Das, was alle Segler eint, ist die Verachtung für ausschließlich motorgetriebene Boote oder Schiffe, die ohne körperliche Anstrengungen, dafür aber mit viel Lärm oft für mehr Aufsehen sorgen als die um einiges leiseren Windkraftpakete. An Eleganz sind die größeren Segelschiffe eh nicht zu überbieten – ein schlanker Rumpf, gekrönt von gigantischen Segeln, der nahezu laulos das Wasser durchschneidet, hat die Anmut eines galoppierenden Pferdes, wohingegen die monströsen, oft in Monaco auf Reede liegenden Motoryachten sich dort nur noch dadurch abheben, dass sie Hubschrauberlandeplätze beherbergen, einen Pool besitzen und grundsätzlich mehr Ähnlichkeit mit dem Buckingham Palace haben als mit einem Boot.

RELIANCE
America's Cup Sieger
1903

NIKE
Air Force 1
1987–heute

SNEAKER

Während früher ein oft unfassbar hässlich bebommelter College-Slipper DER Freizeitschuh von Managern, Bankdirektoren oder ähnlich hochgestellten Persönlichkeiten war, so hat diese Position heutzutage der Sneaker eingenommen, den es mittlerweile auch in sehr gedeckten Farben gibt.

Der Skandal, den 1985 Joschka Fischer bei seiner Vereidigung zum hessischen Staatsminister auslöste, indem er ein grobes Jackett, keine Krawatte und an den Füßen schneeweiße Basketballstiefel von Nike trug, ist heute kaum denkbar. Im Gegenteil, wer heute Sneakers/Turnschuhe trägt, um zu provozieren, der hält wahrscheinlich lange Haare auch noch grundsätzlich für anti und cool, selbst wenn er davon nur noch sieben bis fünfzehn sehr, sehr dünne auf dem Kopf hat.

Der Sneaker, der bis vor einer guten Dekade noch schlicht Turnschuh oder Tennisschuh hieß, wird mittlerweile nicht mehr ausschließlich von Sportartikelherstellern fabriziert, sondern gern auch von angesagten Modehäusern wie Boss, Jil Sander, Prada, Armani etc.

Es gibt Männer, die weitaus mehr Schuhe im Schuhschrank haben, als die klischeehaft vorverurteilten Damen, da der Sneakerbereich ähnliche Ausmaße angenommen hat wie der Handymarkt. Stündlich kommen neue Modelle der immer noch extrem angesagten Marken Nike oder adidas auf den Markt, Puma hat nach einer langen Durststrecke im Schatten des großen Auracher Bruders inzwischen gleichgezogen.

Und ähnlich wie bei veralteten Handys wird die Nase gerümpft, wenn das Gegenüber ein Modell aus dem Vorjahr trägt – und das nicht wegen etwaiger Geruchsbelästigung, sondern einzig, weil der Schuh eben nicht flammneu ist und somit akzeptable Street Credibility hat.

Abschließend noch einmal kurz zu Herrn Fischer, feierlichen Anlässen im Allgemeinen und der dazugehörigen Garderobe:

Turnschuhe/Sneakers/Tennisschuhe, gerade die schneeweißen, sind, zu dunklen Anzügen getragen, in keinster Weise provozierend, sondern einfach nur sehr, sehr hässlich!

ADIDAS
Stan Smith
1971 – heute

SONNENBRILLE

RAY BAN
Wayfarer

SONNENBRILLE

Sonnenbrillen sind cool, sie verleihen dem Träger etwas Unnahbares, da man beim besten Willen die Augen nicht mehr erkennen kann.

Obwohl getönte Gläser eigentlich den Augen einen ganz anderen Schutz als den vor Einblicken in die Gefühlswelt bieten: Sie halten Sonnenstrahlen davon ab, die Äuglein zu blenden. Und wenn man es genau nimmt, dann ist jede Sonnenbrille eine „Ray Ban" (Ray = Strahl, Ban = Schild).

Schon in der Antike soll sich der werte Kaiser Nero farbige Edelsteine schützend vor die Augen gehalten haben, um sich diese nicht zu verbrennen. Leider ist nicht überliefert, ob es sich bei dem Schutz um einen solchen vor Blendung durch die Sonne oder vor Verbrennungen dritten Grades bei der Renovierung Roms gehandelt hat.

Das Urmodell der coolen Sonnenbrille, das je nach Mode total in oder extrem out ist, ist die Ray Ban Aviator, ursprünglich von Bausch und Lomb für die Piloten der US-Armee entwickelt und deswegen auch gern als Pilotenbrille bezeichnet.

Auch der andere Klassiker unter den getönten Gläsergestellen ist aus dem Hause Bausch und Lomb: Die Ray Ban Wayfarer, unvergessen auf den Nasen von Audrey Hepburn, den Blues Brothers oder den Men in Black!

Wenn man das Glück hat, von der Natur mit der einen oder anderen Dioptrie auf dem einen oder anderen Auge ausgestattet zu sein, dann gerät man definitiv nie in Gefahr, sich eine der Zwei-bis-fünf-Euro-Brillen auf deutschen Einkaufsstraßen zuzulegen, die gern obenerwähnte Modelle aufs Billigste kopieren und eine Haltbarkeit von weit weniger als drei Wochen haben.

Grundsätzlich gilt beim Sonnenbrillenkauf: Ab zum Fachmann und die dortige Beratung in Anspruch nehmen. Die Auswahl ist in der Regel gigantisch, reicht vom Klassiker bis zum geckigen Achtecker, und selbst das günstigste Modell dort ist qualitativ um einiges hochwertiger als die Variante aus Kaufläden, die sich besser auf Kaffeeröstung, Billigkleidung oder Fast Food verstehen.

Und wenn man nicht gerade vermöbelt worden ist oder ganz besonders schlecht geschlafen hat, sollte man es vermeiden, Sonnenbrillen in geschlossenen Räumen zu tragen.

RAY BAN
Aviator

SPIELKONSOLE

SONY
Playstation 3

SPIELKONSOLE

Wenn Bücher singen könnten, dann würde ich das vor Ihnen liegende Buch jetzt auffordern, die nervtötendste Melodie nach „Fax-Übertragungsfehler" zu summen:

Das „Düd-düdlüdl-düd-düd-düd" eines im Norden Deutschlands „Daddelkiste" genannten Spielautomaten!

Gott sei Dank sind Imbissbuden, Eckkneipen und Spielsalons nicht mehr die einzigen Institutionen, in denen man bis tief in die Nacht Nahrung oder geistige Getränke bekommt, sodass der Gehörgang seit einigen Dekaden nahezu ungestört von diesem unsäglichen Geräusch seine freie Zeit genießen kann.

Früher wurden überall Münzen auf Nimmerwiedersehen in die Kästen geworfen, Menschen saßen dumpf davor und verließen nach Stunden blitzeblank und noch dumpfer die Lokalität, nur um am nächsten Tag an genau derselben Stelle in genau derselben Zeit exakt dieselbe Menge Geld erneut zu verlieren.

Wenn heutzutage Geräusche aus Spielgeräten dröhnen, so machen sie dies meist in den eigenen oder anderer Leute vier Wänden und werden in kleinem, oft kleinstem Kreise mittels Playstation, Xbox oder Nintendo Wii produziert.

Spielkonsolen können natürlich ebenfalls in eine Abhängigkeit führen, Symptome dafür sind verstörte Reaktionen auf Anrufe „mitten in der Nacht" am späten Nachmittag, wenn mal wieder durchgedaddelt wurde, oder dreimal so dicke Daumen wie die des Durchschnittsbürgers.

Von den berühmten viereckigen Augen mal ganz zu schweigen.

Aber auch auf diesem Markt tut sich Erfreuliches: Neben einer Armada an Spielen, die das Gehirn joggen lassen, kann man auf der Wii tatsächlich seine Fitness um einiges verbessern und sich sogar halbwegs realistisch sportlich betätigen!

NINTENDO Wii
Remote Control

Aber Obacht: Den „Tennisschläger" beim Auf- oder den „Golfschläger" beim Abschlag in Richtung Plasmafernseher immer schön festhalten, sonst wird aus dem preiswerten Freizeitvergnügen ein teurer Reparaturspaß.

TASCHENLAMPE

SUREFIRE
10X Dominator

TASCHENLAMPE

Einer der schwersten Erziehungsfehler ist das Kommando: „Um acht Uhr hängt die Glühbirne kalt in der Fassung!"
Verhindert es doch, dass wissbegierige Halbwüchsige sich durch Weltliteratur, Lexika oder Tierbücher freiwillig weiterbilden.
Ein treuer Freund nach solch stupiden Elternansagen ist heute wie damals die Taschenlampe, die einem das Lesen über und unter der Bettdecke trotz ausgeknipster Nachttischleuchte ermöglicht. Und dieser geheime Bund hat wohl in unzähligen Fällen dafür gesorgt, dass die Taschenlampe nicht nur ein äußerst adäquates Hilfsmittel, sondern auch ein wirklich guter Freund geworden ist, mit dem man durch dicke und dünne Bücher ging.
„Ah! Das erinnert mich an James Joyce und sein Meisterwerk Ulysses!" ist ein Satz, den man eigentlich eher in Bezug auf einen Text vermutet, er ergibt aber ebenso viel Sinn beim Anblick einer urtümlich anmutenden Taschenlampe.
Ähnlich wie das erste Fahrrad, das erste Auto oder das erste Taschenmesser ist auch die erste Taschenlampe meist eine Miniaturausführung der echten Männerleuchten gewesen, verbunden mit der ständigen Bitte um neue Batterien. Im Laufe der Jahre wuchsen dann die Taschenlampen mit ihren Aufgaben und Batterien, um schließlich in Form von Schlüsselanhängern doch wieder sehr, sehr klein zu werden.
Mit einer Taschenlampe kann man übrigens hervorragend: dunkle Ecken in Motorräumen oder Rumpelkammern ausleuchten, sehr schöne Muster an die Decke werfen, in fremden Wohnungen die Wertgegenstände entdecken, unerwarteten Angreifern Schmerzen zufügen oder einfach nur sinnlos Energie verschwenden.
Mein Tipp: Versuchen Sie mal, sich als Weihnachtsgeschenk eine Taschenlampe zu wünschen – nicht selten führt das bei der Partnerin zu spontanen Einlieferungen in Kliniken, wo die Jacken hinten geschlossen werden.

EISENMANN
Taschenlampe

Mimolette
(Belgien)

Brie
(Frankreich)

Feta
(Griechenland)

Gjetost
(Norwegen)

Stilton
(England)

Emmentaler
(Schweiz)

Bel Paese
(Italien)

Danablu
(Dänemark)

LAGUIOLE
BR 1211

TASCHENMESSER

Taschenmesser sind für Jungs. Auch wenn sie schon groß sind.

Und sehr selten ist es der praktische Aspekt, der bis ins hohe Alter ein gutes Taschenmesser zu einem Spitzenspielzeug macht.

Angefangen hat die Leidenschaft meist in frühestem Kindesalter; die Sätze, die man allzu oft hörte, waren: „Das ist noch nichts für dich, dafür bist du noch zu klein. Und du wirst dir ein Auge ausstechen!"

Die letztendlich bei uns ankommende Kernaussage war natürlich:

„Wenn ich ein Taschenmesser habe, bin ich groß!"

Und genau deswegen stellte bei vielen Männern der Moment, in dem sie ihr erstes Taschenmesser bekamen – meistens ein stumpfes, rostiges, uraltes Teil mit mikroskopisch kleiner Klinge – den Einstieg in die Welt der Erwachsenen dar.

Man fing an, eher schlechte Holzpferde zu schnitzen, man ritzte in Bäume Herzen mit zwei Buchstaben, von denen einer in der Regel keine Bedeutung hatte, da zu der Zeit Mädchen noch doof waren, man schloss erste Blutsbrüderschaften und lernte fürs Leben, dass stumpfe Klingen sehr viel mehr Schmerz erzeugen als scharfe, man reparierte Dinge, die gar nicht kaputt waren, und man fing an, auf dem Boden liegende Blätter, Astlöcher in Holzböden oder die Schuhspitze des Bruders mit einem zirkusreifen Wurf aufspießen zu wollen.

Das erste „richtige" Taschen-, Klapp- oder auch Sackmesser ist in der Regel ein schon recht gut ausgestattetes Schweizer Offiziersmesser von Victorinox oder Wenger (heute beides in Händen von Victorinox) gewesen.

Und selbst dieses Urgestein unter den Messern hat nach gut hundertzwanzig Jahren die Neuzeit erreicht und wird mittlerweile mit integriertem USB-Stick nahezu jedweden Speichervolumens angeboten.

Ein echtes Juwel unter den Taschenmessern ist freilich das Laguiole, am schönsten in der schlichtesten Ausführung und nicht durch die Hände eines angesagten Designers verschlimmbessert.

Herren, die sich die Angebervarianten zulegen und sie auch als Gast in bestecktechnisch gut sortierte Haushalte mitbringen, kann man nicht besser düpieren als dadurch, die freudig erwartete „exquisite" Käseplatte ausschließlich mit Mini-Babybel (im Netz), Scheibletten (ZWINGEND im eingeschweißten Zustand) und noch ewig haltbaren Käsedreiecken (Geschmacksrichtung Polyester) zu bestücken.

VICTORINOX
Schweizer Messer USB

PANERAI
Luminor 1950 Regatta
Rattapante, 2007,
Ø 44mm

UHR

„Was lacostet die Welt, Geld spielt keine Rolex!“, war einer der seltsamen Sprüche aus den guten alten achtzigern, die auch solche Eigengewächse wie Antiwitze oder Karottenjeans hervorbrachten.

Fast schon bewundernswert an dem kleinen Satz ist das Einbinden von sowohl Lacoste als auch Rolex, zwei definitv zeitlosen Klassikern also.

Während die vom „Krokodil“ René Lacoste populär gemachten Poloshirts nach Tausenden Wäschen wohl irgendwann das Zeitliche segnen, ist eine Rolex, wenn man sie pflegt, tatsächlich für die Ewigkeit gemacht.

Wie eigentlich alle Luxusuhren, die traditionelle Uhrmacherwerkstätten verlassen und deren oft astronomische Kaufpreise auf alle Fälle mehr Sinn machen als gnadenlos überteuerte Uhren von Herstellern, die sich eher auf Hosennähte, Handtaschen oder Turnschuhe verstehen.

Aber suum cuique, wer sich unbedingt eine Jean Pascale oder Ulla Poppken an den Arm schnallen möchte, dem sei dies natürlich gestattet.

Der Blick auf den Männerarm verrät im Übrigen mindestens genauso viel wie der oft zitierte Blick auf die Schuhe. Uhren sind verräterisch und nicht einfach zum Anzeigen der annähernd korrekten Uhrzeit gedacht.

ROLEX Submariner,
Ref. 6538,
Navy Band, 1955,
Ø 37mm

LANGE 31
Modellnr. 130.025, Platin, 2007,
Ø 45,9mm

UHR

Da gibt es den Herrn, der sich eine Rolex zulegt, weil sie einen Mitglieds-
ausweis für erlesene Kreise darstellt und man nicht groß erklären muss,
welcher Gesellschaft man sich angehörig fühlt.

Da gibt es den Träger von Taucheruhren, der diese Präzisionsgeräte niemals nasser werden lässt als unter einer Dusche, der sich aber trotzdem den
Touch von Great Barrier Reef geben möchte und generell eher sportlich
wirken will.

Der Träger hochfeiner, sehr flacher Uhren, wie sie z.B. die Werkstätten von
Patek Philippe oder Blancpain verlassen, hat oft ein derart dickes Portemonnaie, dass er dies nicht durch den dazugehörigen dicken Wecker unter-
streichen muss. Solche Uhren sind gerngesehene Nebenmieter von Maß-
anzug, Maßhemd und Maßschuh.

Die sehr fette, sehr robuste, aber auch sehr teure Uhr markiert in der Regel
den eher bodenständigen Mann, der weiß, was er wert ist, und mehr durch
Taten als durch große Worte glänzt.

Ansatzweise extrovertierte Herren tragen die Uhr gern rechts, übermäßig
extrovertierte Mitmenschen gar über der Kleidung, was im Grunde nur er-
laubt ist, wenn im Personalausweis die Berufe „Tiefseetaucher" oder „As-
tronaut" vermerkt sind.

Ganz seltsam und oft mit sehr spießigen Trägern in Verbindung zu setzen
sind kleinere Uhren, die nicht direkt am Handgelenk, sondern noch über
dem kleinen Knöchelchen getragen werden und immer eine schlanke
Hand machen, was bei Männern nicht unbedingt von Vorteil ist.

Eine besonders beachtenswerte Kaufentscheidung traf dereinst ein Freund
nach dem ersten großen Dopingskandal der Tour de France: „Wow! Die
versorgen Spitzensportler mit Drogen! Respekt!" Sprach's und erstand
noch am selben Tag eine Uhr aus dem Hause FESTINA.

Abschließend und grundsätzlich sollte man nur eines beachten:
Jede mechanische Uhr ist einer quarzbetriebenen vorzuziehen, und die
Kronen der Uhrenschöpfung tragen zweifelsohne die Automatikuhren.

SINN 140/142 St,
Gezeitenlunette, 1992,
Ø 44mm

WERKZEUG

LEATHERMAN TOOL PST
(die Handtasche des Mannes)

Spitzzange/Drahtschneider
(Maniküre, Pediküre, Nasen- und
Ohrhaarentfernung,
Zahnbehandlung)

Messer
(Maniküre, Pediküre,
Nass- und Trockenrasur,
Amputation, Jagd)

Schere
(Maniküre, Pediküre,
Aktenvernichtung,
Haarschnitt)

Dosenöffner/Kapselheber
(Bier, Bohnen, Mundhygiene)

**Kreuzschlitz-
Schraubendreher**
(Einbruch, Ausbruch)

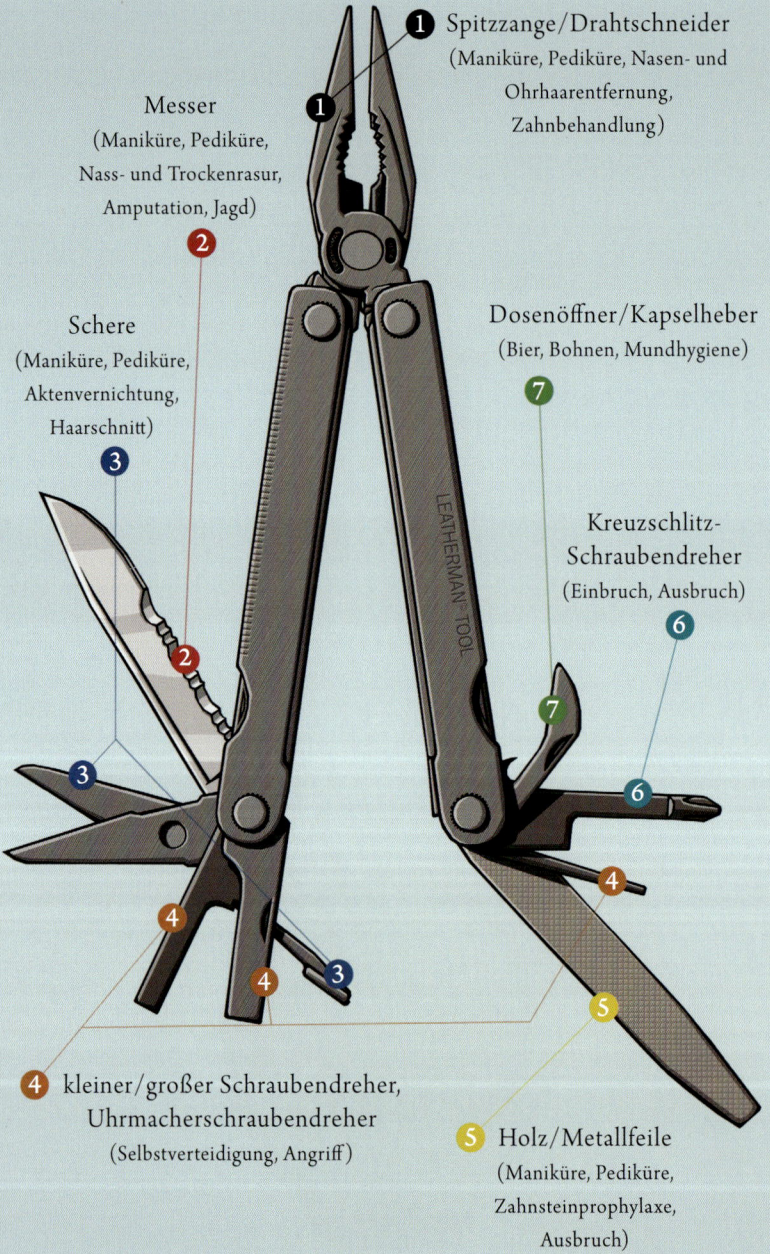

**kleiner/großer Schraubendreher,
Uhrmacherschraubendreher**
(Selbstverteidigung, Angriff)

Holz/Metallfeile
(Maniküre, Pediküre,
Zahnsteinprophylaxe,
Ausbruch)

WERKZEUG

Eine der großen ungeklärten Fragen des einundzwanzigsten Jahrhunderts wird jene bleiben, ob nun Jean Pütz und seine Hobbythek oder Tim Taylor und dessen Tool Time die komischste TV-Handwerkersendung aller Zeiten ist.

Beide leben von und mit ihren Protagonisten, hier der putzige Pütz, dort der tollpatschige Taylor.

Und sowohl die durchaus ernst gemeinte Hobbythek als auch die ausschließlich humoristisch ausgelegte Tool Time erreichen Abermillionen Männer allein dadurch, dass sie eines der Topthemen unter Kerlen behandeln: das Heimwerken.

Auch der mit zwei linken Händen und atemberaubender Grobmotorik ausgestattete Mann wird es sich nie nehmen lassen, kleinere bis riesengroße Reparaturen am Haus selbst zu erledigen. Das schließt Dachdeckerarbeiten, Elektro- und Abwasserinstallationen ein und führt oft zu längeren Krankenhausaufenthalten oder kostenintensiven Scheidungen.

Wer als Mann nicht liest, Fußball spielt, auf die Jagd geht oder auf Rennpisten herumbraust, der wird höchstwahrscheinlich in einem für jeden Besucher perfekten Haus wohnen, das er selbst als „noch nicht einmal zu einem Drittel fertig" beschreiben wird.

Und hat man sich erst an den ganzjährigen Baulärm von nebenan gewöhnt und begriffen, dass es dem Anrainer nicht um ein wunderschönes Zuhause geht, sondern um die Arbeit daran, wird man in Zukunft sehr viel Geld für Handwerker durch Kaffee / Bier für den Nachbarn ersetzen können.

Ähnlich wie Oldtimerfans, die lebenslang an alten Schätzchen schrauben, liegt dem Heimwerker nicht die Fertigstellung von etwas am Herzen, sondern einzig die Beschäftigung damit.

Es gibt Männer, die ziehen am liebsten dann aus, wenn nach mehrjähriger Renovierung endlich der Status „sechzehnseitige Bildstrecke in ‚Schöner Wohnen'" erreicht ist! Für die störenden Balken in der nächsten anzumietenden Ruine kann dann nämlich endlich mit Fug und Recht die längst fällige Kettensäge gekauft werden.

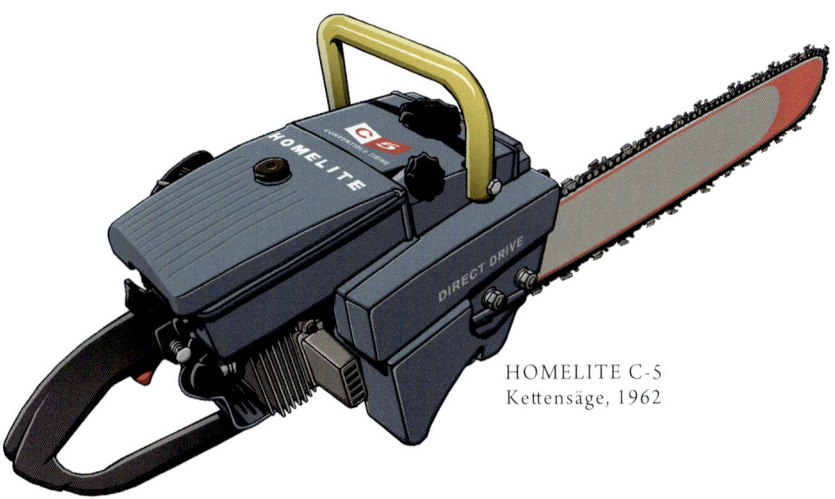

HOMELITE C-5
Kettensäge, 1962

ZIGARRE

Populäre Formate:

	5 cm →		10 cm →		15 cm →	18,4 cm →

Figurado

Robusto

Double Corona

Churchill

Half Corona

Petit Corona

Corona

Corona Grande

Lonsdale

Demi-Tasse

Grand Panatela

Slim Panatela

Torpedo

CUABA
Salomones

ZIGARRE

Groucho Marx hat dem Hörensagen nach dereinst einer neunzehnfachen Mutter in seiner Quizshow die Frage gestellt: „Warum um alles in der Welt haben Sie so viele Kinder?" Auf ihre Antwort „Weil ich meinen Mann wirklich liebe!" entgegnete Marx: „Ich liebe meine Zigarre auch wirklich, aber hin und wieder nehme ich sie auch mal aus dem Mund!"

Und da man Zigarren fast selbstverständlich mit kernigen Zitaten und deren Verfassern verbindet, sind hier die schönsten zum Thema zusammengetragen:

„Zigarren sind so köstlich wie das Leben. Das Leben bewahrt man sich nicht auf. Man genießt es in vollen Zügen." (Artur Rubinstein)

„Die Zigarre verbrennt dir die Lippen, wie es früher einmal die Liebe tat." (Charles Bukowski)

„Tabak verwandelt Gedanken in Träume." (Victor Hugo)

„Der Genuss einer guten Zigarre lässt uns an Zeiten zurückerinnern, die es gar nicht gegeben hat." (Oscar Wilde)

„Menschen sind wie Zigarren: Beide werden am Anfang gewickelt, lassen sich später entflammen und enden als Asche." (Mark Twain)

Winston Churchill, der sowohl das Victory-Zeichen populär machte, als auch sämtlichen Turnmuffeln durch sein weltberühmtes „No sports!" zum Vorbild wurde, hat es zu Recht geschafft, einem Zigarrenformat seinen Namen zu geben, das ähnlich wie der britische Premierminister einen vollen und kräftigen „Körper" hat.

Die wohl bekannteste Zigarre in diesem Format ist die natürlich aus Kuba stammende Romeo y Julieta Churchill, die eine Länge von 170 – 185 Millimetern und einen Durchmesser von 18 – 20 Millimetern hat.

Aber Obacht!

Analog zur männlichen Anatomie unterhalb des Bauchnabels sind bei Zigarren nicht unbedingt die Länge und der Durchmesser das Maß aller Dinge!

DAVIDOFF
Zino Platinum
Cutter

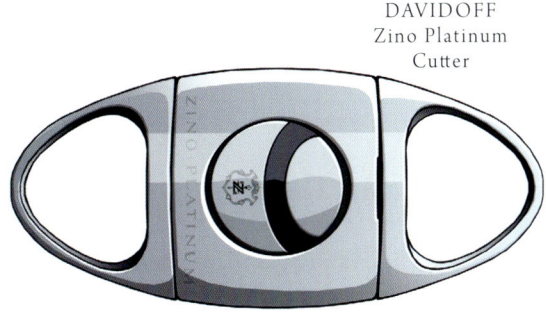

„Ein leidenschaftlicher Raucher, der immer von der Gefahr des Rauchens für die Gesundheit liest, hört in den meisten Fällen auf – zu lesen."

Sir Winston Churchill

TEST: BIN ICH EIN MANN?

NACHNAME, NAME: ....

AUTOMOBIL
Mein erstes Auto: ....

   aktuelles Auto: ....(falls es ein Sportwagen ist, bitte ankreuzen) ☐

   Lieblingsauto: ....(falls es ein SUV ist, bitte ankreuzen) ☐

Anzahl Unfälle: selbstverschuldet .... fremdverschuldet ....

Meine höchste jemals eigenhändig gefahrene Geschwindigkeit: ....km/h

BALL
Meine Lieblingsballsportart: ....

Anzahl jemals von mir geschossener/geworfener Tore: (ca.).........................

Anzahl von mir gewonnener Siegerpokale: (exakt)......................................

BERGSTEIGEN
Mein höchster selbsterklommener Berg: .... /................m

Mein höchster Berg (mit Hilfsmitteln): .... /................m

BILLARD
Ich besitze einen Smoking: ....Ja ☐   ☐ Nein

Mein Queue ist .... cm lang und hat einen Durchmesser von .... cm

CAFFÈ
Tassen pro Tag: gepresster Kaffee .... Espresso .... Cappuccino ....

Mein Lieblingscafé: Name .... Ort .... Land ....

CARRERA-BAHN
Meine erste Carrera -Bahn: Länge in Metern .... Anzahl Kurven ....

Looping: ☐ Ja   ☐ Nein (Bei Antwort „Ja" bitte den Bereich Carrera verlassen!!)

Anzahl zerstörter Carrera-Wagen: ....

Lieblingsmodell: ....

Mein letztes Rennen: ....

Ergebnis: ....

TEST: BIN ICH EIN MANN?

COMPUTER

Ich habe einen: .... ☐ Mac ☐ PC

Hauptsächliche Nutzung: 1. ....

2. ....

3. ....

FAHRRAD

Meine längste Fahrradtour: .... km

Anzahl mir geklauter Fahrräder: ....

Anzahl meiner Stürze: ....

Heftigster Sturz: Knochenbruch .... Ja☐ ☐ Nein

Acht im Reifen .... Ja☐ ☐ Nein

Mütterliches Fahrverbot .... Ja☐ ☐ Nein

FERNSEHEN

Mit zwölf durfte ich: alles gucken .... ☐

nur bis 20.00 Uhr vor die Glotze .... ☐

gar nichts gucken .... ☐

Lieblingsserie: 1. ....

2. ....

3. ....

Lieblingsfilm: 1. ....

2. ....

3. ....

Die Fernbedienung bleibt fest in meiner Hand .... ☐

hat mein Partner unter Kontrolle .... ☐

IST mein Partner .... ☐

TEST: BIN ICH EIN MANN?

FEUERZEUG
Mein Feuerzeug ist: ein Einwegfeuerzeug .... ☐

ein Gasfeuerzeug von .... ☐

ein Benzinfeuerzeug von .... ☐

nicht vorhanden, da ich Streichhölzer bevorzuge .. ☐

FLUGZEUG
Fliegen macht mir Freude .... ☐

macht mir Angst .... ☐

ist für mich wie fliegen .... ☐

FOTOGRAFIE
Ich fotografiere analog mit einer (Fabrikat) ....

digital mit einer (Fabrikat) ....

Mein schönstes Foto:

(Bitte hier Lieblingsfoto einkleben)

FÜLLFEDERHALTER
Lieblingsfüller: ....

Schreibfarbe: ....

GEISTIGE GETRÄNKE
Sind vom Teufel höchstpersönlich .... ☐

TEST: BIN ICH EIN MANN?

lecker .... ☐

immer so schnell alle .... ☐

Mein erster Vollrausch: (Anlass der Bewirtung) .... (Alter) ....

GELD
Habe ich reichlich .... ☐

nicht .... ☐

GITARRE
Ich spiele Konzertgitarre .... ☐

Stromgitarre .... ☐

Luftgitarre... ☐

Mein Lieblingsgitarrenmusikstück: ....

GRILLEN
Ich grille mit Holzkohle .... ☐

elektrisch .... ☐

vegetarisch (also strenggenommen gar nicht) .... ☐

HAUS
Ich wohne in einem Reihenhausmittelstück .... ☐

Leuchtturm .... ☐

HIFI
Meine Musik hört der ganze Stadtteil .... ☐

spürt das ganze Haus .... ☐

genieße ich allein mit Kopfhörern .... ☐

HUND
Ich habe keinen Hund .... ☐

Ich habe einen Hund (Schulterhöhe in cm) .... ☐
Bei einer Schulterhöhe von weniger als 50 cm:
Ich habe doch keinen Hund .... ☐
Bei einer Schulterhöhe von mehr als 50 cm:
Mein Hund heißt: ....

TEST: BIN ICH EIN MANN?

HUT
Ich trage Hut, weil ich mich obenrum ansonsten nackt fühle .... ☐

Ich trage Hut, weil ich obenrum ansonsten nackt BIN .... ☐

JAGD
Wild schieße ich selbst .... ☐

    esse ich sehr gern .... ☐

    liebkose ich im Streichelzoo .... ☐

KOCHEN
Ich kann hervorragend kochen .... ☐

    gerade mal Spiegeleier .... ☐

LEGO
Kaufe ich seit mehr als zwanzig Jahren nicht mehr .... ☐

Kaufe ich mir jedes Jahr .... ☐

Mein altes Lego ist komplett vorhanden .... ☐
    von meiner übereifrigen Mutter an verblödete
    Nachbarskinder verschenkt worden .... ☐

MASSKLEIDUNG
Ich trage Masskleidung,

    weil ich extrem verwachsen bin .... ☐

    ich mich gern von tapferen Schneiderlein befummeln lasse .... ☐

    ich es mir schlicht leisten kann .... ☐

Ich bin stolzer Besitzer von (Anzahl) .... Maßanzügen

    (Anzahl) .... Maßhemden

    (Anzahl) .... Maßschuhen

Ich habe keine Maßkleidung .... ☐

MOBILTELEFON
Für die SMS „es wird heute etwas später" brauche ich .... Sekunden

    (Anzahl) .... Finger

TEST: BIN ICH EIN MANN?

Mein erstes Handy war ein (Modell) .... von (Jahr) ....

Ich nutze mein Handy zum Spielen .... ☐

Musik hören .... ☐

Fotografieren .... ☐

Surfen im Netz .... ☐

Milchaufschäumen .... ☐

„Telefonieren" .... ☐

MODELLEISENBAHN
Ich wollte nie Lokomotivführer werden .... ☐

mein Kinderzimmer für Papas Modelleisenbahn räumen ☐

MOTORRAD
Meine Wahl fiel(e) auf:

☐ Indian Chief .... oder .... Harley Davidson WL ☐

☐ Ducati Streetfighter .... oder .... Honda CB1000R ☐

☐ ohne Helm und Schutzkleidung .... oder .... in Vollmontur ☐

MOTORYACHT
Ich wünsche mir eine Riva Aquarama von 1966 .... ☐

Ich wünsche mir eine Riva Super Aquarama von 1969 .... ☐

Ich wünsche mir eine Riva Aquarama Lungo von 1972 .... ☐

Ich wünsche mir eine Riva Aquarama Special von 1975 .... ☐

PFEIFE
Meine Pfeife ist aus Ton .... ☐

aus Bruyère .... ☐

aus Meerschaum .... ☐

aus Porzellan .... ☐

mein wichtigstes Schiedsrichter-Utensil .... ☐

TEST: BIN ICH EIN MANN?

PFERD
Wenn ich im Sattel sitze, werde ich zu Alexander dem Großen .... ☐

Richard Löwenherz .... ☐

John Wayne .... ☐

Josef Neckermann .... ☐

POKER
Ich lasse die Hosen runter bei einem sagenhaften Blatt .... ☐

einem klitzekleinen Geschäft .... ☐

einer wunderschönen Frau .... ☐

RASENMÄHER
Mein Rasen wird stets samstags um 15.55 Uhr gemäht .... ☐

Mein Rasen wird gar nicht gemäht .... ☐

Ich habe gar keinen Rasen .... ☐

Einen Rasenmäher habe ich dementsprechend natürlich nicht .... ☐

RASUR
Ich rasiere mich täglich .... ☐

stündlich .... ☐

nass .... ☐

trocken .... ☐

nicht .... ☐

SEGELN
In meiner Badewanne bin ich Kapitän der Gorch Fock .... ☐

Alinghi .... ☐

Santa Maria .... ☐

HMS Victory .... ☐

SNEAKER
Ich habe mehr Sneakers als Imelda Marcos Pumps .... ☐

TEST: BIN ICH EIN MANN?

Ich habe weniger Sneakers als Kojak Haare .... ☐

Meine Sneakers sind von Adidas .... ☐ Asics .... ☐ British Knights .... ☐

Converse ..... ☐ Fila ..... ☐ K-Swiss ..... ☐ Kangaroo ..... ☐ Lacoste ..... ☐

New Balance ... ☐ Nike ... ☐ Onitsuka Tiger ... ☐ Puma ... ☐ Reebok ... ☐

Meine bevorzugte Hauptfarbe ist: ....

SONNENBRILLE
Ich bin kein Pilot, trage aber trotzdem eine Aviator (o.Ä.) .... ☐

Ich fahre nicht Motorrad, trage aber trotzdem eine Wayfarer (o.Ä.) .... ☐

Ich verdiene sehr gut, trage aber eine Billigbrille von der Straße .... ☐

Ich bin nicht Heino, trage aber die Brille in geschlossenen Räumen .... ☐

SPIELKONSOLE
Meine Konsole ist die Playstation .... ☐ Nintendo Wii .... ☐ Xbox .... ☐

Mit meiner Konsole bringe ich mein Gehirn zum Joggen .... ☐

mein Blut in Wallung .... ☐

meinen Partner zur Weißglut .... ☐

TASCHENLAMPE
Mit meiner Taschenlampe lese ich unter der Bettdecke .... ☐

räume ich anderer Leute Wohnungen um ..... ☐

TASCHENMESSER
Mein erstes Taschenmesser bekam ich mit (Alter) .... von (Name) ....

Momentan besitze ich ein Laguiole .... ☐ Gerber .... ☐ Victorinox .... ☐

UHR
Meine Uhr ist mechanisch mit Handaufzug .... ☐

mechanisch mit Automatikwerk .... ☐

batteriebetrieben und von einem Kaffeeröster .... ☐

WERKZEUG
Ich habe einen Leatherman .... Ja ☐   Nein ☐

TESTERGEBNIS

Bitte wie folgt vorgehen:

1. Zählen Sie alle Kreuze zusammen, die Sie in ein rotes Feld gemacht haben. Notieren Sie die Zahl.

2. Zählen Sie alle Kreuze zusammen, die Sie in ein schwarzes Feld gemacht haben. Notieren Sie die Zahl.

Die Auswertung:

Typ 1: Sie haben ausschließlich rote Felder angekreuzt:
Weitermachen wie bisher!

Typ 2: Sie haben weit mehr rote als schwarze Felder angekreuzt:
Kein Grund zur Sorge, die weiblichen Seiten in Ihnen machen Sie zu einem sensiblen Mann, aber eben doch zu einem Mann.

Typ 3: Sie haben in etwa gleich viele rote wie schwarze Felder angekreuzt:
Sie dürfen sich Sorgen machen, irgendetwas stimmt mit Ihnen nicht. Werfen Sie als Erstes die Loopingschienen Ihrer Carrera-Bahn weg, dann sehen wir weiter.

Typ 4: Sie haben weit mehr schwarze als rote Felder angekreuzt:
Stehen Sie auf, auch beim Wasserlassen! Herrgott, Sie sind ein Mann! Wer in der Stadt weniger als fünfzig Stundenkilometer fährt, der parkt wahrscheinlich auch vorwärts ein. Ändern Sie das.

Typ 5: Sie haben ausschließlich schwarze Felder ausgefüllt:
Denken Sie über eine Geschlechtsumwandlung nach und warten Sie währenddessen auf den Erscheinungstermin von „Frauenspielzeug – alles, was Frauenherzen höher schlagen lässt".

DAS WEISS ICH BESSER

DAS WEISS ICH BESSER

DAS WEISS ICH BESSER

DAS WEISS ICH BESSER

DAS WEISS ICH BESSER

DAS WEISS ICH BESSER

INDEX/ABBILDUNGEN

INDEX/ABBILDUNGEN